LA
BERGERIE
DE REMY
BELLEAV.

A PARIS,

Pour Gilles gilles, rue saint Ian de La-
tran, à l'enseigne des trois
Couronnes.

1565.

A MONSEIGNEVR, MONSEIGNEVR LE MARQVIS D'ELBEVF.

ONSEIGNEVR, *si la meilleure part de France, porte auiourd'huy plus de faueur à la calomnie, qu'au bien dire, au mensonge qu'à la verité, au vice qu'à la vertu, & qu'on ne remarque par escrit, par memoire, ny par exemple des anciens, siecle, ny prouince, ou le faux se soit mieux déguysé en aparance de vray, que la saison, & le pays ou nous sommes: Si celuy qui monstre l'ongle, & la dent, pour mordre, & offenser, est trop mieux receu, que celuy qui porte le miel pour desalterer le malade de cette fieure: qui est celuy qui ne s'employast en si beau suget? Chose toutesfois qui ne sert que pour trauailler les Grands, rabaisser & forcer l'autorité des moindres, diuiser la commune obeissance des petis, dégouter la posterité, & donner nouuelle occasion de prise, ou de risee à l'estranger, bref, qui ne sert qu'à nous faire sauourer plus aigrement le mal, que doucement le bien. Aussi*

A ij

n'ayant déliberé de puiſer la gloire de ce ruiſſeau, ny
eſpier tant ſoit peu de reputation parce moyen, ſa-
chant auſſi que rien ne peut plaire à l'vn, qu'il ne
déplaiſe à l'autre, i'ay oſé prendre la hardieſſe ſous
voſtre faueur, Monſeigneur, de donner iour à ce petit ouurage, fait & recouſu de telles pieces, & de telle
eſtoffe, qu'il ne peut offenſer que celuy qui forge en
ſon cerueau nouuelle occaſion de ſ'alterer ſoymeſme.
Ce que i'ay tracé depuis que i'ay receu tant d'hõneur,
que d'eſtre voué à vous faire treshumble ſeruice, en
la conduitte de Monſieur voſtre fils, & guide de ſon
naturel magnanime & genereux, lequel à l'exemple de celuy d'Alexandre, doit eſtre pluſtoſt manié
de bouche, que de main, & de bride que d'éperon. Dieu
m'y fera tant de grace, ſ'il luy plaiſt, que vous aurez
plaiſir de ſa nourriture, & contentement de mon ſeruice, que ie ſçay vous eſtre d'autant plus agreable,
qu'il retire à la modeſtie & à la douceur, & non à
la violence ny à l'aigreur. Donques, Monſeigneur, ie
vous ſupliray treshũblement receuoir de bonne main
ce petit diſcours, cõme auancoureur de quelque meilleure ſuitte, m'aſſeurant qu'il vous plaira, tant pour
la faueur que vous me portez, que pour la diuerſité
& meſlange des inuentions ruſtiques, & nouuelle
façon d'eſcrire, qui n'a encores eſté pratiquee ny con-
gnue en noſtre France.

Voſtre treshumble & treſobeïſſant
ſeruiteur,　　R. B E L L E A V.

B E R-

LA BERGERIE
DE REMY
BELLEAV.

L E S O L E I L ayãt chaffé la brune espaiffeur de la nuiĉt, acompagné de la troupe doree des heures, defia cõmançoit a poindre, eftendant fes treffes blondes fur la cime des montagnes, faifant la ronde par les plaines blanchiffantes de l'air, vifitant les terres dures, & réchauffant les flots efcumeux de la mer : lors que la Fortune, & le deftin, qui de long tems auoient coniuré mon malheur, m'ayant fait fentir combien leur contrainte forcee a de pouuoir fur les hommes, laffez & recreus de me tourmenter, me prefterét tant de faueur, qu'ils me cõduirent en vn lieu, ou ie croy que l'hõneur, & la vertu, les amours, & les graces, auoient deliberé de fuborner mes fens, enyurer ma raifon, & peu à peu me

A iij

dérober l'ame , me faifant perdre le fenti-
mêt,fuft de l'œil, de l'ouye,du fentir,du gouter & du toucher   Et quant à l'œil.

C'eftoit vne crouppe de môtagne moyé-
nement haute,touteffois d'affez difficile ac-
ces:du cofté ou le foleil raporte le beau iour,
fe découuroit vne longue terraffe pratiquee
fur les flancs d'vn rocher, portant largeur de
deux toifes & demie , enrichie d'apuis & d'a-
mortiffemens de pierre taillee à iour , à petites tourelles , tournees & maffonnees à cul
de lampe , & auançees hors la courtine de la
terraffe , pauee d'vn paué de porfire baftard,
moucheté de taches blâches,rouges, verdes,
grifes , & de cent autres couleurs , nettoyee
par des égouts faits à gargouilles , & mufles
de Lion : L'vn des bouts de cette terraffe
eftoit vne galerie vitree, lambriffee fur vn
plancher de carreaux émaillez de couleur.
Le frontifpice,à grandes colonnes,canellees
& rudentees , garnies de leurs bafes , chapiteaux,architraue,frife,cornice, & mouleures
de bonne grace, & de iufte proportion. La
veuë belle, & limitee de douze coupeaux de
montagnettes , ruiffelets , riuieres , fontaines,prez,combes,chafteaux,villages,& bois,
bref de tout cela que l'œil fauroit fouhaitter
pour fon côtentement. Or dedans cefte ga-

lerie couuerte fe monftroit vne infinité de
tableaux, faits de la main d'vn gentil ouurier,
entre autres, i'en remarquay trois. Le premier eftoit vn païfage fi bien & fi naïuemét
raporté au naturel, que la nature mefme fe
tromperoit f'elle ofoit entreprandre de faire
mieux, au milieu fe découuroient deux bergers afsis & apuiez du dos contre le tronc
de deux ormes, ils eftoient fi penfifs & de fi
trifte contenance qu'on iugeoit facilement
quils fe lamentoiét fur les miferes de noftre
tems, & à la verité ils portoient l'œil baiffé,
le vifage palle & chagrin, & fi i'ay bône memoire, ie vous diray leurs complaintes que ie
vis fi mignonnemét traçees, & contrefaites
au pinçeau fur le trôc de ces arbres, qu'il fembloit qu'elles fuffent de relief, creües & en-
grofsies auec leur efcorce, le premier qui
eftoit vers le foleil leuant foufpiroit en cette façon.

FRANGIN.

C'Eſt de lõg tems Charlot, Charlot que la fortune
Eſt cõme par deſtin entre nous deux commune
Vn miſerable ſoin touſiours ſur noſtre chef
Importun amoncelle vn monde de mechef.

CHARLOT.

Hé qui ſeroit heureux? quant en noſtre Prouince,

Cité contre cité, & Prince contre Prince,
Le noble, le marchant, le soldat, l'artizan,
Le iuge, l'auocat, le serf, le Courtisan,
Le maistre, l'escolier, l'Orateur, le Poette,
Le prestre, le reclus, la simple femmelette,
S'arment contre leur sang, & pris d'ambition,
Dedans leur estomac font la sedition?

FRANCIN.

Aussi ne voy tu pas, que depuis que la France
Couue dedans son sein, le meurtre, & la vengeance,
La France ensorcelee, & surprise d'erreur,
De guerre, de famine, & de peste, & de peur,
France le petit œil, & la perle du monde,
Est maintenant sterile, au lieu d'estre feconde?
Et comme maugré soy, dépite elle produit
Par colere, & dédain, son herbage & son fruit?

CHARLOT.

Ne voy tu des forests le plus épais feuillage,
Qui ne porte sinon à regret son ombrage?
Les Faunes, les Syluains, de tous costez espars,
Se mussant, ont quitté leurs forests aux soudars.

FRANCIN.

Il n'y a dans ces bois lieu tant soit solitaire,
Qui ne sente de Mars la fureur ordinaire,
Vous le sauez taillis, & vous coustaux bossus,
Prez, môts, iardins, & bois, & vous antres moussus,
Qui mille fois le iour répondez à mes plaintes,
Plaintes qu'on list au front de ces ormes empraintes,

Nym-

Nymphes vous le sauez, & vous qui habitez
Satyres dans les creux de ces obscuritez.
Mesme le beau cristal de ces viues fontaines,
Le murmure en coulant, par ces herbeuses plaines.

CHARLOT.

N'as tu pas veu, Francin, mâchotter les brebis
L'herbe demibrulee, au milieu des herbis?
Briser nos chalumeaux? & de mille ruynes
Saccager les rouseaux de nos pauures cassines?
Au lieu d'épiz crestez naistre sur les sillons,
Des chardons herissez en pointes d'aiguillons?
Les porcs dans les ruisseaux? & troubler dans la pree
L'eau que tous les bergers tenoient comme sacree?
De carmes enchantez la Lune ensorceler?
Faire tarir le lait, & le pis desenfler
De la vache laitiere, & de mauuaise œillade
Rendre tout le troupeau, & galeux, & malade?
Bref, i'estime celuy trois & trois fois heureux
Qui mourant n'a point veu vn ciel si malheureux.

FRANCIN.

Quelle gresle, quel vent, quel malheur, quel orage
Quelle estrange fureur, quel infame pillage,
Quelle rage du Ciel, quelle nüe d'erreur,
Quelle mauuaise main, a dérobé l'honneur,
Le repos, & la paix, la gloire, & la vaillance,
L'heritage sacré de nostre douce France?
Pleurez villes, chasteaux, & versez larmes d'yeux
Satyres, Cheurepiez, Faunes & Demidieux,

Coupe tes blonds cheueux Apollon,& dénüe
Les filets ordonnez de ta lyre cornüe,
Brise ton chalumeau,& ne l'enfle iamais,
Que tu ne voye en France vne plus douce paix.
Nymphes aux beaux sourcils,Deesses Oreades,
Abandonnez vos monts,& vous belles Naiades
Plongez vous au plus creux de vos coulantes eaux,
Et perdez nostre ciel,espais de tant de maux,
Acompagnez ma voix qu'il n'y ait à ceste heure
Fleur,herbe,ny buisson qui souspirant ne pleure,
Qui ne porte le dueil,& ne pleure auec moy,
Voyant la pauure France en si piteux arroy.
L'air courroucé s'en deult,& les blondes auettes
Murmurant à l'entour du degast des fleurettes
Plaignent nostre malheur,& ce ruisseau troublé
Le souspire,en fuyant flot sur flot redoublé.
Hà beaux lis,beaux œillets,ha roses gourfoulees,
Hà pauure mariolaine,ha pauures girouflees.
Le printems fleurira, & vous mes belles fleurs
Point vous ne fleurirez peintes de vos couleurs,
Le beau tems reuiendra, mais les branches rompues
Ne seront ny de fruits,ny de feuilles vestues,
L'Autonne renaistra,& ne renaistra point
Seulement vne fleur pour couurir le beau teint
Et les cheueux sacrez des Nymphes immortelles,
Ny pour couurir de Pan les deux cornes iumelles.

           CHARLOT.

Francin,la pauure France a perdu sa grandeur,
                                    Son

Son tranquille repos, sa beauté, son bonheur,
On ne fait plus au chams l'annuel sacrifice
A Palles, ny à Pan, tout gentil exercice
S'est esloingné de nous: dessus l'herbe luter,
Outre les clers ruisseaux d'vne course sauter,
Et comme dans ces chams, on ne voit dans la ville,
Qu'vn piteux desarroy, Galate, & Amarylle,
De leur propre seiour à tous coups s'estranger,
Afin de n'estre proye au soldat estranger:
La pucelle est forcee, & la courbe vieillesse
Fuit d'vn pied chancelant de peur & de foiblesse.

FRANCIN.

Que pleust à Dieu Charlot, que de simples roseaux
Ie ne me fusse au col pendu des chalumeaux,
Mais qu'en me façonnant comme soldat pratique,
I'eusse apris à cresper le long bois d'vne pique,
A piquer vn cheual, le manier en rond,
A dextre, & à senestre, à courbette, & à bond,
A le mettre au galop, à luy donner carriere,
A rompre de droit fil vne lance guerriere,
A monter courageux sur le flanc d'vn rampart,
Raportant le harnois fauçé de part en part,
Et d'vne noble playe acheter vne gloire,
Plustost que par nos chants vne sourde memoire.

CHARLOT.

Que ferons nous Francin, ie ne puis viure ainsi
Le dieu Pan ny de toy, ny de moy, n'a soucy:
La misere nous suit, de si pres, qu'à grand peine

Pouuons nous librement dérober noſtre aleine
Pour enfler la muſette,& mouiller ſeulement
L'anche de nos pipeaux,qui ſe moiſiſt au vent:
Mes doigts ſont engourdis,ie pers la cognoiſſance
D'eſtouper du flageol l'inegalle ordonnance,
Mais la tienne eſt entiere,& le ventre en eſt bon,
L'anche,le chalumeau,le ſoufloir,le bourdon,
Ne perdent point le vent,ſa petite languette
Comme il te plaiſt, Francin, fait parler ta muſette
Aux taillis cheuelus,aux rochers,& aux bois,
Mais entre les rochers ſe dérobe ta voix.

FRANCIN.

Il eſt vray,mon Charlot,mais q̃ ſeruẽt nos plaintes:
Touſieurs auec les vents elles ſ'en vont eſteintes,
Nous les chantõs aux Rochs,mais helas ils ſont ſours,
Au murmure des eaux,mais begues ſont leurs cours,
Nous les grauons aſſez aux rides de l'eſcorce
Des ſaules verdoyans,mais ils n'ont pas la force
De les pouuoir redire,& me déplait vrayement
D'auoir iamais apris à chanter proprement:
Et lors que commençay,ie deuois eſtre ſage,
Par les ſignes certains d'vn malheureux preſage,
(le tremble en y penſant) car ie vy de mes yeux
Sous vn air embrouillé,le haut d'vn cheſne vieux
Soudain frappé du ciel,& ſi vis la plus belle
Des cheures de Margot,auorter deſſous elle
De deux petis cheureaux,i'en porte encor' au flanc
Vn ceinturon couuert de la peau du plus blanc

                                    Qu'alors

Qu'alors il me donna, pour noter l'auanture
Et remarquer le iour d'vn si mauuais augure.

Ces deux bergers se complaignoient en
cette sorte sur les miseres de nostre tems,
ie sçay qu'il y auoit encores quelques vers,
mais ie ne vous puis reciter ce qui restoit,
parce que ie ne sçay par quel malheur on a-
uoit autrefois laissé vne fenestre entr'ouuerte, qui regardoit droit sur ce tableau, & le
vent auoit donné à l'endroit ou estoient ces
vers, de façon, qu'il ne me fut possible d'en
retirer d'auantage. Dedans l'autre tableau
estoit vne troupe de bergers le genoil en
terre, les mains ioinctes, la face vers le Ciel, ou
paroissoit à demy corps par le trauers d'vne
espaisse nuee vne Deesse tenant vn espy flá-
boyant en sa main, pour vous la faire cognoistre ie vous diray les prieres de ces pauures bergers Fráçois, elles commencét ainsi.

Ode à la paix

Laisse le ciel belle Astree,
En France tant desiree,
Vien faire icy ton seiour,
A ton tour,
Assez les flammes ciuiles
Ont couru dedans nos villes,

Sous le fer, & la fureur,
Assez la palle famine,
Et la peste & la ruine,
Ont ébranlé ton bonheur.

   Le rocher, ny la tempeste,
Tousiours ne pend sur la teste
Du pillote pallissant,
Fremissant,
La nüe espaisse en fumee,
Tousiours ne se fand armee
De feu, de souffre, & d'éclair,
Quelquefois apres l'orage
Elle fourbist le nuage,
Et le rend luysant & clair.

   Monstre nous ta face belle,
En cette saison nouuelle,
En pitié regarde nous,
D'vn œil doux,
Fay vn cœur de tous nos Princes,
Et rasseure nos Prouinces,
Nous découurant ton beau sein,
Et ton bel œil que i'honore,
Et l'épy qui je redore,
Toutes les nuits en ta main.

   Que ton feu gente Deesse
Nous aporte d'alaigresse,
Mon Dieu que d'heur pour iamais,
Douce Paix,

                              Porte

Porte ta face honorable,
Ta face plus venerable,
Et plus gratieuſe encor,
Que n'eſt l'eſtoille qui guide
Le ſoleil,quant par le vuide
Il eſtand ſon creſpe d'or.

  Ie voy deſia noſtre France,
Qui ſouſpire l'eſperance
De ſe reuoir en faueur
Du bon heur,
Ie la voy deſſus les traces
Et des Vertus,& des Graces,
Si tu veux guider ſes pas,
Loing baniſſant la querelle
Qui ſ'eſtoit miſe contre elle
De flanc,de teſte,& de bras.

  Que le ciel à ta venüe,
Eſpanche vne douce nüe
De parfuns,& de ſenteurs,
Et d'odeurs,
De miel,de manne ſucreç
Tant que la France enyuree
Soit groſſe d'vn beau Printems,
D'vn printems qui touſiours dure,
Et qui ſurmonte l'iniure,
Et les eſchanges du tems.

  Hà,que ie t'eſtime heureuſe
Fille du ciel amoureuſe,

Ha que i'estime icy bas
Tes saints pas,
Ayant choisy pour hostesse,
Vne tant sage Princesse,
Qui te fait tant de faueur,
Qu'à iamais elle t'asseure
De t'ouurir pour ta demeure
France, son œil, & son cueur.

　　Sois donq Seigneur la defance,
Et le rampart de la France,
Nourrissant nostre bon Roy,
En ta Loy,
Tant que sous ta main maistresse,
Croisse sa tendre ieunesse,
Luy seruant de guide encor,
Pour le dresser en la voye,
Comme Apollon deuant Troye,
S'auançoit deuant Hector.

Le troisieme tableau estoit tout guerrier,
d'vn costé c'estoient sieges & prises de villes,
comme de Mets, de Calais, & de Theonuil-
le, c'estoient camps assemblez & camps partis, escarmouches, saillies, embuches, entre-
prises, aproches, bateries, camisades, sappes,
mines, sentinelles, & escalades: De l'autre costé se voyoit le voyage d'vne ieunesse Fran-
coise en Italie, sous la conduitte de ce vaillant Cheualier.

　　　　　　　　　　　　　　　　De

De ce Prince dont la dextre
A fouillé dedans le sein
De l'Itale, & fait parestre
Au braue Napolitain,
Comme estoient braues les forces
Du François, sans les entorces
De ces peuples destournez,
Et des Astres mutinez.

Encor' que l'eau doux-coulante
Dedans les bornes du Tronc,
Porte à iamais rougissante
La vergongne sur le front,
D'auoir sur sa riue molle
Receu la graue parolle,
D'vn Cesar, se declarant
Sur l'ennemy conquerant.

D'vn Cesar, dont le courage
En cent guerrieres façons
A fait sentir son orage
Et aux Rochers & aux Monts:
Tu le sçais bien Tourterelle
Iulle-noue, & toy Nucelle,
Campoly, Terme, & cent forts
Mis au ioug par ses efforts.

Guydant ses vaillantes trouppes
Par les sommets orageux,
Et par les gelantes croupes
Des monts entez dans les cieux,

B

Par torrens épouuantables,
Et par detrois non paſſages,
Sans plus,à ce Prince heureux
En ces faits auantureux.

    Que les rigueurs eternelles
Du froidureux Aquilon,
Que les tempeſtes cruelles
Contre vn François bataillon,
N'éuentent iamais leurs force:
Pluſtoſt luy ſeruant d'amorce
Pour l'animer au danger
Que des armes l'eſtranger.

    N'eſt-ce acte vaillant & braue
Digne d'vn prince François,
Rendre vne conqueſte eſclaue
Et aux armes & aux loix.
L'outrepaſſer de puiſſance,
La repaſſer d'aſſeurance,
Affronter ſon ennemy,
Et mettre en paix ſon amy?

    Me ſoit témoin Pallienne,
Le Rommain,& l'Aſcolan
Et la demeure ancienne
Des delices d'Adrian:
Tous voiſins d'vne famine,
D'vn ſac,ou d'vn ruine,
Sans le fidelle recours
Qu'ils auoient en ton ſecours,

                              Ha

Ha combien d'ombres errantes
Se plaindroient deſſus tes bords,
Combien de playes coulantes,
Ha, Tybre, combien de morts,
Combien de braſſars, de creſtes
D'armets, comblez de leurs teſtes
S'entreheurteroient roulans
Es flots Hetruſques bouillans?

   Or ie remets en la dextre
Des fauorits d'Apollon
Ces traits pour au Ciel les mettre,
Encor que ſur le ſablon
Des replis Adriatiques,
I'aye veu croiſer les piques
Et froncer les eſtandars,
Comme l'vn de ſes ſouldars.

   Mais, las! ma Muſe eſt trop baſſe
Pour dreſſer le vol ſi haut,
Pour animer la cuyraſſe
D'vn Prince allant à l'aſſaut,
Pour bien chanter les brauades,
Les deſſains, les embuſcades,
Forts tenus, fleuues ſondez,
Murs battus, & murs gardez.

   O le grand heur de nobleſſe
Naiſtre d'vn pere vaillant,
Heriter de ſa proueſſe
Et de ſon bras aſſaillant!

Le cueur, la bouche, & la grace,
Du cheual, vient de la race:
Iamais l'Aigle genereux
Ne couue vn pigeon paureux.

Or le pendant de cette terraſſe n'eſtoit
point tant ſur le Roch, qu'il fuſt demeuré ſte-
rile, car ſi i'amais le bon pere Denis reſpandit
largement de ſa feconde & liberalle cuiſſe
ſes douces liqueurs, ça eſté en ce vallon, que
ie vy ſi apropos, & en ſi belle faiſon, que la
vigne commançoit à ébourrer le coton de-
licat de ſon bourgeon, allongeant entre ſes
feuilles tendrelettes deux petites manottes
tortillees & recourbees comme deux petites cornes de limaſſon. En quelques lieux
ſe voyoit le pampre verdiſſant qui commã-
çoit à deueloper ſes feuilles largettes décou
pees, vn peu iauniſſantes ſur les bors, & emperlees de roſee comme de petit duuet, qui
les rendoit argentees quant le ſoleil rayon-
noit ſur ce couſtau. Et ſ'il me ſouuient de
quelques vers que ie trouuay tout fraichement grauez auec la pointe d'vn poinçon
ſur les apuis de cette terraſſe, ie vous les diray: c'eſtoit vne petite deſcription de printems, faite par quelque amoreux parlant à ſa
maiſtreſſe: ces apuis ſont grauez de cét chiffres

fres, diuifez, eftant les receueurs ordinaires
de telles refueries, & coleres pafsionnees de
l'amour. Ils commançoient ainfi.

Voy ces prez nõ foulez d'autre pieds q̃ des dieux,
Faunes, & Cheurepiez, hoftes de ces beaux lieux:
Voy le tendre bourgeon qui s'enfle, & qui découure
S'ebourrant peu à peu, vne gemme qui s'ouure
D'vn œil à demiclos, voy les arbres pouffer,
Voy les boutons éclos en poignant s'auancer,
Le long de ce vallon, voy ces deux colombelles
Qui font bec contre bec, & tremouffant les aelles
Se baifent tour à tour & vont faifant l'amour:
C'eft prefage certain de voir quelque beau iour.
Voy l'émail bigarré de ces fleurs nouuelettes,
Encores non touché des pillardes auettes,
Efcoute parmy l'air les petis oyfillons,
Voy le fable menu qui fautelle à bouillons
Et tremblotte au dedans de cette pierre viue,
Voy ces bors couronnez d'vne mouffe naïue
Qui feutre tout le creux, & à la voir rouler
On diroit que fon eau s'efforce de parler

Ie m'affeure qu'il y auoit quelque com-
mancement & quelque fin à ces vers, mais ie
doute que le berger ne les retint en fon cerueau ou qu'il n'eut le loifir de les acheuer.
De cette terraffe i'entre en vne grande falle

tapiſſee d'vne tapiſſerie deſia ancienne,mais
des mieux tiſſues qui ſe trouue à mon opinion. C'eſtoiēt des moiſſonneurs en chemi-
ſe qui ſioient du blé au plus grandes chaleurs
du iour,& des faucheurs dedans des prez,Et
pour mieux vous faire entendre l'effet de
leur trauail ie vous diray quelque vers qui
eſtoient tiſſus ſur les bors de cette tapiſſerie.
Ils commançoient ainſi.

L'ESTE'.

Tout eſtoit en chaleur,& la flamme etheree
Fendoit le ſein beant de la terre alteree,
Les fruits deſſus la branche à l'enuy iauniſſoient,
Et les épis barbus aux chams ſe heriſſoient
En bataillons creſtez, qui de face gentille
Monſtroiēt leurs flācs dorez aux dēts de la faucille,
L'vn couppe,& l'autre engerbe, & l'épiant glaneur
Va tallonnant les pas du courbe moiſſonneur,
Pour amaſſer l'épy,qui de ſes mains ſuantes
Se dérobe en trompant les faucilles mordantes,
Les vns vont aux ruiſſeaux de chauld preſque taris,
Pour refraichir leur gorge,& remplir leurs barils,
L'vn aguiſe ſa faux,& les cornes pointues
De ſa fourche nouailleuſe,& aux breſches mouſſues
Des rateaux édentez il replante des dents,
Autre de franc oſier tortille des liens
Pour fagotter le poil,qu'il fauche,& qu'il ratelle
Et prez tondus de frais, vn autre l'amoncelle

                                                        En

En pointes le dreſſant de ſuperbes meulons,
Le ioüet quelquefois des venteux tourbillons.
La Cygalle chantoit, les coulantes riuieres
Inuitoient les bergers comme d'humbles prieres
Et de murmures doux à ſe baigner dans l'eau,
Les pommes en tombant laiſſoient le verd rameau,
Sans plus, les vents mollets à petites ſecouſſes
Branloient leurs aillerons, & d'aleines plus douces
Tiedement ſouſpiroient des antres mouſſelus,
Parmy les vers rameaux des hauts Pins cheuelus:
Bref l'air eſtoit ſi beau, & la flamme doree
Du ſoleil radieux tellement temperee,
Qu'elle ſembloit ſe plaire à voir es clers ruiſſeaux
La pâtourelle nüe, & nuds les pâtoureaux.

Voila les vers qui ſont en ce pan, & croy
qu'il y doit auoir quelque autre ſuitte mais
elle n'eſt pas là. Ie vous promets que ces
oſterons ſont ſi bien faits, & tout ce qui eſt
contenu en ces vers ſi bien raporté, que rien
ne peut eſtre mieux. Ie n'eus pas ſi toſt leué
l'œil que i'aperçoy vne troupe de bergeres
de bonne grace, qui venoient donner le bon
iour à leur maiſtreſſe, pour luy faire compagnie à viſiter vne chapelle & là faire leurs
prieres. Or cette ſainte & venerable Princeſ-
ſe tire déia ſur l'aage, & me deplaiſt que la
courbe & tremblante vieilleſſe ait priſe ſur
vne ſi noble & ſi vertueuſe creature, iſſue de

B iiij

la grande race de Pan , d'elle font iſſus comme d'vne ſource fecõde,& d'vne franche pe-
piniere,de grands & vertueux bergers,de ſa-
ges & vertueuſes bergeres , comme ie vous
côteray quelquefois.Donques ces filles ayãt
fait le deuoir de ſeruice à leur maiſtreſſe,ſor-
tent de la chambre , trauerſent cette grand'
ſalle,vont ſous le portail , & entrent dedans
vne petite galerie faite & baſtie expres pour
aller en cette chapelle. Ie les ſuy par le chemin ordinaire , là ie vy la noble & memorable ſepulture d'vn grãd Cheualier. Cette ſepulture eſt faitte & cizelee de marbre blanc
& noir, de iaſpe , d'albaſtre , & de porfire , ce
bon Prince eſt en ſon mort, & adeſſus viuãt
& priant auec cette venerable Dame,ſa bonne & fidelle compagne,mais Dieu par ſa ſain
te grace nous la gardee iuſques à preſent, &
gardera,ſi luy plaiſt,comme le bon heur, &la
faueur du pays,l'exemple & le patron de cha
rité & de douceur, le ſacraire de bõté,la gran
deur & conſeruation des ſiens , & l'vnique
ſecours des pauures. Cette ſepulture eſt en
figure carree , au lieu de colonnes ſe ſont les
Vertus aprochantes à la moyenne proportion du coloſſe, elles ſouſtiennent le vaſe &
taillouer du chapiteau deſſus leur teſtes enri-
chis de fueilles d'acanthe, & branche vrſine,

pour

pour fouftenir le plinte de ce baftiment, fi
bien côduit, & fi bien acheué, qu'il ne fauroit
rougir pour les antiques. Dedans vne table
de marbre y a vne Nymphe éleuee à demy-
boffe, le vifage palle & maigre, qui porte les
cheueux efpars & heriffez flottant fur les
épaules, les yeux caues & meurdris de pleurs,
les bras croiffez, la face vers le Ciel, toute
éploree, qui foufpire la mort de ce bon &
vertueux Prince, & dit.

EPITAPHE.

Pafteurs fi quelque foin du deuoir fauorable
Que deuons au cercueil touche encor les viuans,
S'il refte quelque odeur des hommes, dont les ans
Ont laiffé de leurs pas vne marque honorable:
Honorez ce bon Prince, & fa race, & fes os,
Puis dittes, à iamais de cette noble cendre
Puiffe couler le miel, fon ame puiffe prendre
Entre les bienheureux vn eternel repos.

Pres de cette magnifique fepulture gifoit
vn autre grand cercueil non autrement enrichy que de gazons vers, de hauts cypres, de
cent & cent epitaphes, plaintes, larmes, fou-
fpirs, & fans m'enqueter que c'eftoit ie con-
gnu affez apertement que c'eftoit le fils aifné
de ce vaillant Cheualier, duquel i'auois vifi-
té le tombeau, & pour vous le faire mieux

cognoiſtre ie vous diray vn epitaphe qu'vn
berger en paſſant graua auec vn poinçon ſur
vne petite tablette d'airain,il cõmance ainſi.

Epitaphe de François de Lorraine, duc de
Guyſe & pair de France.

DEſſous l'ombre muet de ce tombeau d'airain,
Giſt ce grãd Cheualier, ce grãd Prince Lorrain,
François ce grãd guerrier,grãd & grãd duc de Guyſe,
L'apuy de noſtre Roy,le ſecours de l'Egliſe,
La peur de l'eſtranger,de France le bonheur,
Des armes le triomfe,& l'heur,& le malheur:
Bienheureux en ſa mort,bienheureux en ſa vie,
Bienheureux en ſes faits,ayant(maugré l'enuie)
Le ſort,& le deſtin,& les cieux tant amis,
Qu'il s'eſt veu triomfer deſſus ſes ennemis,
Ne luy reſtant ſinon viure vn peu d'auantage,
Pour mourir le plus grand que Prince de noſtre aage.
    Mais les pauures chetifs nous ſommes nõ par ſort
Mais quant il plaiſt à Dieu priſonniers de la mort:
C'eſt luy ſeul qui retient,qui conduit,& qui guide,
Ce que deſſus la terre,& dedans l'air liquide,
Et ce qu'au fond des eaux,vit,ſouſpire,& ſe meut,
Puis le tranche,& l'alonge,& le rompt quãt il veut:
Et ne ſert d'auoir peur des peſtes de l'Autonne,
Des fieures de l'eſté,puis que ſa faux moiſſonne
En tout tems noſtre vie,& qu'on ne peut charmer
Les tourbillons rouans de l'écumeuſe mer,

Le

Le foudre ny l'éclair, les vents, ny les orages,
Rien ne fert de fauoir augures, ou prefages,
Voir trembler le poulmon des boucs, ou des aigneaux,
Ny le vol gauche ou droit des profetes oifeaux,
Puis que nos iours, nos ans, noftre mort, noftre vie,
Eft de la main de Dieu ou conduitte ou rauie,
Puis que les feux du Ciel, le fort, & le deftin,
Menteurs, ne peuuent eftre auteurs de noftre fin.

Quelquefois la cherchant elle fe met en fuitte,
Quelquefois la fuïant, fe mefle en noftre fuitte
Compagne de nos iours, & en toute faifon
Pand deffus noftre chef mefme en noftre maifon.

Qui iamais euft penfe que ce tant heureux Prince,
Rampart de noftre Roy, & de noftre Prouince,
Fuft mort comme il eft mort? luy qui tous les dangers
Que le fer, & le feu, nourriffent familiers,
Auoit paffé foldat? fuft à porter les armes
A cheual ou à pied, fuft à donner alarmes
En faifant vne aproche, ou courant au defaut
D'vn bataillon forcé, ou donnant vn affaut?
Cent coups m'en foïet témoins, entre autre cette lâce,
Et cette Angloife main, qui fauça de puiffance
D'outre en outre le teft de ce vaillant guerrier,
Ce grand teft façonné pour porter vn Laurier.

Or ce grãd Prince eft mort, ce Frãçois de Lorraine,
Mais non pas mort ainfi qu'vne femblance humaine
Qui vit, & meurt fans nom: car la vie, & la mort,
La gloire, la vertu, du plus vaillant & fort

Que l'estoille de Mars fist naistre de nostre aage,
Siecle en siecle suyuant porteront témoignage
Qu'il a donté, franchi, fait fendre, & fait armer,
Les fleuues mis au ioug, & les monts, & la mer,
Qu'il a passé soldat en Esté les campagnes,
Aux rigueurs de l'Hyuer, les bois, & les montagnes,
La Meuse, la Moselle, & le Tronte, & le Rhin,
Loire, Seine, l'Ardenne & l'Alpe, & l'Apennin,
Ont tremblé sous ses pas, lors qu'en troupe guerriere.
Morne & transi de froid, & tanné de poudriere,
Mit bornes à la France, & rangea sous sa main
Le Messin, l'Espagnol, l'Anglois, & le Germain:
Lors qu'il sceut dextrement comme soldat pratique
Brandir & recresper le long bois d'vne pique,
Braquer bien vn canon sur le flanc d'vn rampart,
Conduire vne tranchee, & iuger quelle part
Se deuoit assaillir de boulet, ou de balle,
S'elle estoit hors de mine, ou de sappe, ou d'escalle:
Mesurer bien le cueur du soldat enfermé,
Ce qu'il peut en campagne armé, ou desarmé,
Piquer bien vn cheual en foule, & en carriere,
Rompre bien de droit fil vne lance guerriere,
Faire marcher vn camp, l'auancer, le tarder,
Battre vn fort, vn rampart, l'assaillir, le garder,
Affronter l'ennemy, rompre le fer & l'ire
Mesme d'vn Empereur plus grand que son Empire:
Retirer le soldat, qui défiant la mort
Prodigue de sa vie écarmouchoit vn fort,

Ani-

Animer la ieuneſſe, aux plus chaudes alarmes
Courageuſe à bâtir vn tombeau dans ſes armes.
Et du moindre ſoldat combatant prandre ſoin:
Ie l'ay veu de mes yeux le coutelas au poing,
Cors de cuiraſſe en dos, le morrion en teſte,
Couuert de ſa grand targue: ainſi qu'vne tempeſte
Rouant, pirouettant, épiant vn beau ſac,
Qui court de proüe en pouppe, & de mas en tillac,
De cordage, en cordage, & de flamme enſouffree
Renuerſe & met à fond la nauire engouffree:
Et comme vn Apollon deſſous ſa targue d'or
Ouurage de Vulcan marchoit deuant Hector,
Portant ainſi qu'vn Dieu, ſa belle épaule armee
De la brune eſpaiſſeur d'vne nüe enfumee:

   Ainſi marchoit armé ce vaillant belliqueur
Couurant de ſon pauois, & de ſon 'ras vainqueur,
De courage, de cueur, de teſte, & de poitrine,
De Charles noſtre Roy la ieuneſſe orfeline:
Bref leuant ou couchant le cleruoyant ſoleil,
Ne pouuoit œillader au monde ſon pareil.

   Et comme vn feu lancé par l'eſclat d'vn tonnerre
Dans la blonde moiſſon ſaccage, & met par terre
L'eſcadron heriſſé des épis iauniſſans,
Ou tout ainſi qu'on voit ſur les flots palliſſans
De l'écumeuſe mer, entre la trouppe aillee
Galloper Aquilon d'vne marche doublee,
Ou comme le debort, d'vn grand fleuue écumeux
A cent montagnes d'eau, ſ'élance furieux

Dans la plaine voisine, & de fond en racine
Arache, froisse, & rompt, & renuerse, & ruine,
Vignes, iardins, & bois, estables & bestail,
Des hommes & des beufs le plus riche trauail,
Et compagnons des flots, escarte pousse, & traine,
Arbres, herbes, & fleurs çà & là, par la plaine:
Ainsi ce Cheualier, en qui iamais la peur
Ne fist glacer le sang, mais poussé de l'honneur
Rompoit les rancs murez, & de force forcee
Courant & foudroyant sur la trouppe enfoncee
La contraignoit vainqueur pesle mesle dedans
La face contrebas, mordre la terre aux dents.

  Aussi les cieux amis, & la sage nature,
Ensemble auoient basty la noble architecture
De ce cors genereux, cors indomtable, & tel,
Qu'en armes il estoit aux hommes immortel:
Mais Mars en fut ialoux, & surpris de colere
De se voir seconder en son art militere
Luy ramolit le flanc, affin que par trahison
Quelque lâche meurdrier ou versast la poison
En sa noble poitrine, ou de main déloyalle
Enfonçast de trois plombs ceste épaule fatalle:
Si fatalle vrayment qu'vn barbare estranger
N'eust iamais entrepris de vouloir outrager,
Et me déplaist honteux que i'accuse la France
Moy qui suis né François d'auoir veu la naissance
Et d'auoir allaitté sous vn air si clement
Vne si mauuaise ame, Ha! mourir méchamment

Puisse

Puiſſe cil qui premier oſa traitre entreprendre
Forger, fondre, tailler, broyer, & faire éprandre
Afin de pratiquer en vn ſi noble lieu
Le fer, le plomb, la pierre, & la poudre, & le feu.
Il eſt mort touteſſois comblé de toute gloire
Ne pouuant mieux au Ciel engrauer ſa memoire
Pour faire que ſon nom puiſſe à iamais fleurir
En terre ne pouuant plus noblement mourir.

Mais puis que le malheur, le deſtin, & l'enuie,
Ialoux ont triomfé des honneurs de ſa vie,
Et que tout ſon trofee eſt remis au tombeau,
Sus France qu'on luy dreſſe vn triomfe nouueau
Maintenant qu'il eſt mort, & riche qu'on luy donne
De bronze, ou de porfire, vne grande colonne,
Ou pandront attachez, enfoncez, & forcez,
Cent & cent corcellets l'vn ſur l'autre entaſſez,
Cent & cent morrions tous comblez de leur teſtes
A mouſtache tremblant, portant plumes & creſtes
Rouſoyantes de ſang, cent braſſars dont la main
Mi morte cerche priſe, & ſe manie en vain,
Cent villes, cent chaſteaux, cent & cẽt fortes places,
Cent fleuues, cent détroits, & cent cors de cüiraſſes,
Cornettes & guidons, enſeignes, eſtandars,
Cent lances, cent épieux, cent targues, cent ſoudars
Captifs & deſarmez, cent villes renuerſees,
Cent bataillons rompus, cent murailles forcees,
Itale miſe aux pieds, & le ſuperbe Anglois
Repouſſé dans ſa mer, le Meſſin l'Ardenois,

L'Alemant déconfit,cent batailles liurees
Cent beufs dont l'vn foit blanc ayant cornes dorees,
Cent couronnes de chefne,& puis cent de laurier
Pour orner le tombeau de ce vaillant guerrier,

    Afin que d'age,en age, on remarque la gloire,
La bonté,la vertu,l'honneur,& la victoire
De ce grand Cheualier,qui furmonta l'effort
Des armes,du tombeau,des ans,& de la mort.

Ie vous ay recité à mon opinion l'Epitaphe entier de ce grand cheualier, & croy que
vous n'ignorez plus fon nom , ie l'ay retiré
d'autât qu'il me fembloit affez bien fait,pour
le cõmuniquer à mes amis. Les prieres finies
en la chapelle, cette venerable dame apres
auoir verfé de ces belles & blanches mains
du vin,du lait, des lis, & des rofes, deffus ces
deux tombeaux, remaine iuftement à neuf
heures fa troupe en fa châbre,laue fes mains,
fe met à table, ces bergeres rentrêt en la falle ou elles ont de couftume de faire leur ordinaire & y paroiffent fans plus au difner &
au fouper, l'vn & l'autre repas fe trouuant
dreffé à neuf heures du matin,& cinq du foir
fans iamais y faire faute, de toutes fortes de
viãdes,de toutes fortes de fruits, felon la faifon,& ce,de la liberalité de cette bonne maiftreffe : pendant le difner ces filles n'eurent
                     autres

autres propos que d'vn tableau qui pandoit
deſſus la cheminee, C'eſtoit vne Nymfe vê-
tue à lantique courant écheuelee, rouge en
viſage de colere, vn chaſſeur apres qui la
pourſuiuoit, en fin elle ſe ſauuoit en vn lieu
beau & frais, ou ce chaſteau eſtoit fort bien
raporté en perſpectiue. Or pour interpreter
ce que c'eſtoit il y auoit en la compagnie de
ces bergeres vn bon vieillart, qui leur ſeruoit
de maiſtre d'hoſtel, & diſoit à ſes filles que
c'eſtoit la Chaſteté, & que ce chaſſeur qui la
pourſuiuoit eſtoit le Deſir: mais que pour ſe
mettre en ſauuegarde & en lieu de ſurté elle
ſ'eſtoit renduë en ce chaſteau de Ioinuille, &
de fait il monſtroit auec vne petite verge
blanche, les terraſſes, les galleries, les ſalles, les
chambres, antichambres, les cours, les offi-
ces, le ieu de paume, l'Egliſe, les vignes, les
bois, les routes, les montagnes, les vallōs, les
riuieres, les prez, la ville baſſe, bref il diſoit
que la chaſteté auoit fait ſa retraitte en ceſte
noble maiſon, & à la verité ſi iamais elle fut
honoree & reueree en lieu de noſtre France,
ie croy que ç'a eſté en ce chaſteau, ou cette
venerable dame la traittee vniquemēt donnant exemple de fait & de parolle à toutes
les dames vertueuſes qui furent & qui ſerōt
iamais de ſe façonner à ſon mirouer & de vi-

ure chaſtement & heureuſement,& auec telle côſtance qu'elle en ſes pluſque cruelles &
pluſque miſerables fortunes ſur la mort de
ces grâds cheualiers ſes enfans.Ce bon vieillard importuné de ces filles de pourſuiure le
diſcours de ce tableau, tire de ſa gibeſsiere
(apres l'auoir retournee deux ou trois fois)
vn vieux roulet,qu'il diſoit auoir gardé long
tems , & à la verité il eſtoit tout craſſeux, &
rongé par les plis, & l'eſcriture iaunaſtre, &
enfumee de vieilleſſe : il le donne à l'vne de
ces filles diſant,liſez ce papier & vous verrez
ce que dit ce chaſſeur en la pourſuitte de ces
amours,ie le garde long tems a,& fut vn ieune berger qui le fiſt: eſtant ceans lors que le
peintre trauailloit ſur ce tableau, lon m'a dit
qu'il eſtoit aſſez bien fait. Incontinent cette
bergere ietta l'œil deſſus,& auec vne douceur, & vne modeſtie honneſte, commance
à lire les pourſuittes de ce chaſſeur tout eſ-
chauffé & ſouſpirant.

Ha (diſoit il) me fuyez vous maitreſſe?
Venez à moy,pendant que la ieuneſſe,
Le tems,le lieu & la belle ſaiſon,
Verſent en moi l'amoureuſe poiſon,
Qui de mon cueur ne peut eſtre rauie
Que par vos yeux, qui me donnent la vie,

Montrés

Monstrez moy donc voftre visage amy,
Regardez moy, ce n'est voftre ennemy
Qui nous pourfuit, ainfi les colombelles
Fuyent l'Autour de leurs tremblantes aelles
Comme ennemy, mais ie ne le fuis pas,
Ie ne fuy point la trace de vos pas
Pour vous forcer, la cause de vous fuyure,
Las c'eft Amour, qui me veut faire viure
Dedans vos yeux, bref ce pauure berger
Courrant, tremblant, permet de faccager
Au feu d'Amour fon ame prifonniere
Dedans les yeux de fa douce guerriere:
D'vn pas ou deux il fe veut auancer
Pour l'aprocher, & pour la careffer,
Pour dérober vn baifer de fa bouche,
Mais d'vn cofté vne crainte farouche
Plaine d'erreur, & d'autre part l'Amour,
Guerre luy font l'vn & l'autre à leur tour.
Amour le pouffe, & la peur le retire,
L'vn le conforte, & l'autre le martire,
Amour le brufle, & la tremblante peur
Gelle fon fang, le rampart de fon cueur:
Il tremble tout, il fremift, il chancelle,
Sur ces genoux vne glace nouuelle
S'affiet, fe prend, & fon fang peu à peu
Reprend fa force, & ralume fon feu:
Il peind fon front de couleur rouge & blefme,
Puis fouspirant va difant en foymefme,

C ij

Ne suis-ie pas chetif & malheureux?
Hors de mon sens, pensif, & langoureux?
Le tems s'en va, & iamais ne retourne,
,, *Son vol leger tant soit peu ne seiourne*
,, *En vn endroit, les heures aux pieds mouls*
,, *Sans y penser se dérobent de nous.*
  Ie ne suis pas de la race felonne
D'vne tigresse, ou de quelque lionne,
Dans l'estomac ie ne porte vn rocher
Au lieu de cueur, vueillez donc aprocher
Sachez au moins & prenez connoissance
De ma maison, du lieu de ma naissance,
Ie ne suis point vn barbare estranger
Ny de ces chams quelque pauure berger
Gardeur d'aigneaux par ces campagnes vertes,
Ny citoyen des montagnes desertes:
Ie ne suis point vn Faune de ces bois
Au pié bouquin, mal propre, mal courtois,
I'ay dans cette eau regardé ma figure,
Mille troupeaux paissent dans ma pasture
I'ay le doux miel, & en toute saison,
Pour vous traitter du l'étage à foison:
Ie te fuyuray, iusqu'à la mer gelee,
Par les deserts de l'arene brulee
Pres du soleil, aussi bien i'ay vouloir
Long tems y a de voir le peuple noir,
Ie te fuyuray, ou la nuit eternelle
Loge sans fin: par la trace cruelle

                                        De

Des vieux sangliers, des tigres & des O...,
Ou pour te voir, ou pour finir mes iours,
Bref quelque part que le pié te conduise
La volonté de ton amour éprise
Suyura tes pas, & s'Amour est vn l...
De mesme trait mourrons en mesme ...

Ie vous promets que cette bergere recita ces vers de si bonne grace, que les compagnes ne disnerent que bien peu. Et parce que
l'heure s'aprochoit d'aller trouuer leur maistresse elles se leuent de table & se retirēt en
la chambre faisant vne grande reueréce l'vne
apres l'autre, puis soudain ie les vy toutes en
vn troupeau se ralier en vn canton dérobé
dedans l'épaisseur de la muraille qui sert de
croisee à cette chambre, qui est tapissee d'v-
ne tapisserie faitte & tissue de la main de ces
filles. D'vn costé c'estoient trois peaux de bre
bis camusettes, portant la laine à floccons
houpelus, frisez, & pédans iusqes en terre,
si doucemēt ondoyás qu'on eust iugé auoir
esté peignez & treslez de la main de quelque
gentille bergere : les vnes paissoient sous
l'ombre des ormeaux dedás vne grā'e pree,
émaillee de bleu, de vert, de pers, de iaune, de
violet, & de toutes autres couleurs, deux be
liers cossoient & se hurtoient à perte de cor-

nes pour l'amour, le berger pres d'vn ruisselet faisoit dançer son troupeau au son de son
fla geol. Pres de cette eau s'éleuoit vn rocher
ride, cauerneux, & calfeutré de mousse épaisse & delicate comme s'il eust esté tapissé de
quelque fin coton, la vous eussiez veu les
cheures barbues lécher le salpestre sur les
flancs de la roche, les vnes grimper, & à les
voir d'embas on eut iugé qu'elles y estoient
pendues : les autres broutoient les buissons
& les tendres reiettons qui ne commancoiét
qu'à pointeler hors de la terre nouuellemét
échauffee : les vnes allongeant les flancs & la
teste se haussoient sur les ergots de derriere,
pour prendre & entortiller des leures & de
la langue le sommet des petis arbrisseaux, les
autres buuoient à petites reprises dedans les
clers ruisseaux mirant leurs barbes au coulant de leurs ondes argentelettes. Sous les
flancs de cette roche y auoit vne troupe de
bergers tous se donnant plaisir d'vn doux &
gratieux trauail, les vns faisant des paniers
de viorne, les autres des corbeilles d'ozier,
autres arrachoient l'écorce des ioncs pour en
tirer la mouelle & en façoner des chapeaux,
autres faisoient de petites tresses de paille de
seigle, batu & mouillé, pour faire des coffins,
autres aiguisoient leurs serpettes pour tailler
lavigne,

la vigne, autres relimoient les dents de leurs
faucilles, autres en retailloient de bois pour
enter à leurs rateaux édentez, autres laſſoiét
des filets, des rets, des lacez pour prendre des
oyſeaux, autres creuſoient de gourdes & les
grauoient de la pointe d'vn couſteau, autres
recouſoient leurs gueſtres & filloient cordes
pour faire du bobelin. Entre autres y auoit
vn vieillard à iābes croiſees apuyé du dos côtre ce roch qui tilloit du chambre de ſi gētil-
le adreſſe qu'on voioit ſaillir les cheneuottes
hors de ſes doigts ridez & crochus de vieilleſſe, tant cette tapiſſerie raportoit le naturel. Dedās lautre pan c'eſtoit vn tems d'Autonne ou eſtoient des vēdangeurs les mieux
repreſentez que ie vy onques, & pour vous
peindre au vif leur plaiſant exercice ie vous
diray ſeullemēt des vers qui ſont tiſſus contre le ventre d'vne grande cuue dedans cette
tapiſſerie, ie les voulu biē retirer parce qu'ils
me ſemblerent aſſez gentimēt faits, & à mon
iugement ſi l'ouurier de cette tapiſſerie a in-
duſtrieuſement ſuiuy la nature, l'ouurier de
ces vers ne la moins bien imitee, ils ſç commancent ainſi.

Description des vendanges.

C'Estoit en la saison que la troupe rustique
S'apreste pour couper de cette plante vnique,
De ce rameau sacré, le raisin pourprissant:
C'estoit en la saison que le fruit iaunissant
Laisse veuue sa branche, & le souillard Autonne
Fait écumer les bords de la vineuse tonne,
Vn chacun trauailloit, l'vn apres le pressouer,
L'autre à bien étouper le ventre à l'entonnouer,
Et d'vn fil empoissé auec vn peu détoupes
Calfeutrer les bondons, les vns lauoient les coupes,
Et rinssoient les barils, autres sur leurs genoux
Aguysoient des focets pour percer les vins doux,
Et piquotant leurs flancs d'vne adresse fort gaye
En trois tours de foret faisoient seigner la playe,
Puis à bouillons fumeux le faisoient doisiller
Louche dedans la tasse, & tombant petiller,
Les autres plus gaillars sur les grapes nouuelles
A deux pieds s'afondroient iusques sous les aiselles,
Les vns serroient le marc, les autres pressuroient,
Les vns pour vendanger sur la pierre émouloient
Le petit bec crochu de leurs mousses serpettes,
Les vns trempoient l'ozier, les autres leurs tinettes,
Leurs hottes, leur étrain, dedans les clers ruisseaux,
Autres alloient raclant les costes des vaisseaux
De grauelle émaillee, & de mousse couuertes,
Les autres leur serroient les leures entrouuertes

D'vn

D'vn cercle de peuplier, cordonné d'oziers francs,
Puis à coups de maillet leur rebattoient les flancs:
Les vns buuoient aux bords de la fumante gueulle
Des cuues au grand vetre, autres tournoiet la meulle
Faisant craquer le grain, & pleurer le raisin,
Puis sous l'arbre auallé, vn grand torrent de vin
Rouloit dedans la met, & d'vne force estrange
Faisoient geindre le bois, & pleuuoir la vendange,
Autres à dos panché entonnoient à plain seau
La bouillante liqueur de ce vin tout nouueau,
Autres alloient criant de leur puissance toute
Qu'au pié des seps tortus on fist la mere goute,
Et chancellant de pieds, de teste, & de genoux,
S'enyuroient seullement au fumet des vins doux.

Voila tout ce que i'ay retiré de cette tapisserie ou estoient raportees au vray naturel ces belles & gentilles vendanges. De l'autre part c'estoient bergeres en simple cotil-
lon, écheuelees, vn chapeau de fleurs en leur
chef, qui dançoient en rond sous vn grand
orme auec des bergers, tous si bien contrefaits qu'il sembloit qu'ils sautassent tous à la
cadance d'vn de la troupe qui chantoit cette
chanson.

Faites vous la sourde Francine
Voyez Tenot qui vient à vous

Pour rauoir ce que vostre œil doux
Luy a tiré de la poitrine

Vous l'auez & luy ne la plus,
Voiez sa couleur iaune & jade,
Et tout le reste si malade,
Qu'il en est demeuré perclus.

M'amour, si vous voulez qu'il viue
Rendez luy tost, car vous l'auez,
Regardez ses yeux tous cauez,
Qui de viure n'ont plus d'enuie :

Ou le gardez, si vostre Amour
Souhaitte, cruelle qu'il meure,
Car en plus gentille demeure,
Ne sçauroit faire son seiour.

Il vous aime plus que l'auette
Au mois d'Auril n'aime les fleurs,
Plus que le berger aux chaleurs
L'ombre mollet de la coudrette.

Il est brun, mais la terre brune
Tousiours porte les beaux épics,
Et parmy les ombreuses nuits,
Il n'est clarté que de la Lune.

Il n'est ny trop laid ny trop beau,
Hier ie regarday sa face,
Dedans la fontaine qui passe,
Contre le pié de cet ormeau.

Il est riche assez pour vous deux,
Et si n'a bien qu'il ne vous donne,

Aymez

Aymez le seullement mignonne,
Mon Dieu il sera trop heureux.

Il a ia trois cochons de lait
Qui sont sous le ventre à leur mere,
Et trois brebis auec le pere
Qui nourrissent vn aignelet:

Tousiours il a dans sa logette
Du fourmage gras à foison,
Et du lait en toute saison,
Auec la chastaigne molette.

Il scait le train du pasturage,
Et scait la terre ensemencer,
Et si scait aussi bien dancer
Que iouuenceau de ce village.

Il vous ayme plus que son cueur,
Que tenez en prison cruelle,
Ne luy soyez donc plus rebelle
Et le prenez pour seruiteur.

Pres de cette dance y auoit d'autres bergeres assises, les vnes faisoient du ruban, autres des chapeaux de fleurs, si bien releues
de couleur & si bien contrefaites qu'il n'en-
troit hôme en cette chambre tant bien aui-
sé qu'il fust, qui ne s'aprochast pour les fleu-
rer. Entre autres y auoit vne bergere qui tiroit le pis enflé d'vne vache, de telle adresse
qu'il sembloit que le lait doucement glissant

entre ſes doigts ſautelaſt à petis bouillons,
faiſant vne écume blanchiſſante ſur les bors
de la terrine ou il découloit.

Et c'étoit ma catin bergere de haut pris,
Digne qu'vn cueur gentil en fuſt vrayment épris,
Car elle ſauoit bien de ſes mains ménageres
Traire les pis enflé de ſes vaches laitieres,
Porter dans ſon giron le petit aignelet,
Eſgaré du troupeau, ſeurer le veau de lait,
Faire le pain de cire, & couler le laitage,
Pour faire ſur le ionc caillotter le fourmage,
Bien treſſer le ruban, bien tourner le fuzeau,
Faire brouter la cheure, & paiſtre le troupeau.

Dedans l'autre pante eſt repreſenté le ſuperbe apareil d'vn mariage, les dances, les feſtins, les magnificéces, maſques, mommeries,
entrepriſes, cources, baſtimés, ſalles, chiffres,
diuiſes, comedies, têtes, iardinages, feuillees,
friſcades, & pour vous faire entendre le ſuget ie vous décriray ſeullement vne broderie qui ſe voit ſur la robbe de l'épouſee, C'eſt
vn Apollon ieune, beau, auec ſa grande perruque iaune comme fil d'or flottant ſur ſes
épaules, ceinte d'vne couronne de laurier, vn
ſurpelis delié & replié, deuallát iuſques à mi-
iambe, la lyre en la main, autour de luy les
　　　　　　　　　　　　　　　Graces

Graces & mille petis Amours, il inuite les
Nymfes de la Seine & de la Meuse à chanter
ce mariage, & commance ainsi.

EPITHALAME DE MONSEI-
GNEVR LE DVC DE LORRAI-
ne, & de Madame Claude Fille du Roy.

Nymfes qui vos tresses blondes
Mignotez dessus les bors,
Des cleres & belles ondes,
De la Seine au plis retors,
Si quelque flamme amoureuse
Vous échaufe sous les eaux,
Chantez les chastes flambeaux,
De cette Nuit bienheureuse.

Nymfes qui dessus la pree
Ballez aux rais de la nuit,
D'vne dance mesuree
Au dous murmure qui suit
De Meuse les longues traces:
Venez bienheurer ce iour,
Et ce soir en qui l'Amour
Fait luire toutes ses graces.

Acouple tes colombelles
Gente Venus, à ton char,
Dont les deux roües iumelles,
Le limon, & le branqar,
Sont d'or, les cloux, & les boucles,

D'vn bel yuoire Indien,
Et de roses le lien
Qui tient la bride, & les couples.

Branle ton aelle emaillee
D'escailles d'vn fin azeur
Amour, & pren ta volee
Auec Ieunesse ta Se ur,
Puis à gaillardes secousses,
Alume d'vn petit vent,
Le feu qui se va couuant
Dedans le fond de tes trousses.

Et toy, qui la fleur premiere
De la vierge, à l'œil honteux,
Rauis du sein de la mere,
Pour la mettre entre les feux
D'vne ieunesse inhumaine,
Hymen, chante moy des vers,
Ayant les cheueux couuers,
D'vne franche mariolaine.

Serre ta robbe ondoiante
D'vn long repli blanchissant,
Et d'vne agraphe mordante
Ton brodequin iaunissant,
Vien, que plus ne te retienne
Le sommet parnasien,
Ny le rocher Tespien,
Ny la grotte Aonienne.

Et toy Ciel, que lon respande

Par l'air vn fleuue d'odeurs,
Vne moiſſon de lauande,
De lis, de roſes, de fleurs,
Tant que la terre enyuree
Du Nectar de ces preſens,
Touſiours groſſe d'vn printems,
Face vne ſaiſon d'oree.

Car la belle & douce flamme
De Veſper qui brille aux cieux,
Ce beau ſoir deux cueurs enflamme,
Du meſme feu que les Dieux
Alument dans leur poitrine,
Et du meſme, qui coula
Des yeux d'Adon, & bruſla
Le tendre cueur de Cyprine.

Nymfes des eaux citoiennes,
Nymfettes aux beaux talons,
Aux gorges muſiciennes,
Dancez deſſus vos ſablons,
Pour honorer la iournee
Que ce beau Prince Lorrain,
Echaufera dans ſon ſein
Vne beauté ſi bien nee.

CHANT DES NYMFES
DE MEVSE.

Quand le Soleil ſe reueille,
Dorant le ciel d'vn beau iour,

Ou quand au soir il sommeille,
Vers son humide seiour,
Oeilladant la terre basse,
Des raions de son flambeau,
Il ne voit rien de si beau,
Que mon Prince ne surpasse.
        HYMEN   HYMEN   HYMENEE,
        HYMEN   HYMEN   HYMENEE.

C'est luy, qui ma course humide
Pousse en la corne du Rhin,
C'est luy, qui lache & qui bride
Mon cours au flot argentin:
Par luy de gloire i'abonde,
C'est luy, qui braue me fait,
Par luy, mon peuple muet,
Court librement dessous l'onde.
        HYMEN.
C'est luy, qui des son enfance
Chargea sa petite main
Du pesant fais de la lance,
Aupres du fleuue Germain,
Trouuant le sort tant prospere,
Que sous la chaude fureur
De Mars, receut en faueur
Vn Iupiter pour son pere.
        HYMEN.
Vn Iupiter, que la France

Doit

Doit cherir comme ses yeux,
Luy, sa race & la puissance
De son bras victorieux,
Tant cette bonté royalle
Bonne, s'estend dessus nous,
Que la terre en ses deux bouts,
N'en voit d'autre qui l'égalle.

HYMEN.

Comme la pointe orguilleuse
Des rochers hautement grans,
De la riue poissonneuse
Surpasse les petis flancs,
Ou comme la cheueleure
D'vn cyprés, ou d'vn sapin,
Surpasse du bois voisin
La courbe & basse rameure.

HYMEN.

Ainsi la braue hautesse
Du Prince, qui m'est si dous,
La beauté, la gentillesse,
S'éleuent par dessus tous:
Du Prince, que tant i'honore,
Que i'aime, & du quel encor
Le menton d'vn crespe d'or,
A peine à peine se dore.

HYMEN.

D

CHANT DES NYMFES
DE LA SEINE.

Comme la corne argentine
De la Lune en son croissant,
Belle & disposte chemine
Sous le voile brunissant
Parmy la gemmeuse presse
Des autres feux , qu'elle suit,
Ainsi la grace reluit
Des beautez de ma Princesse.

HYMEN.

Ce ne sont que fleurs écloses,
Sur son ieune, & tendre sein,
Ses leures, ne sont que roses,
Qu'iuoire, sa blanche main,
Ses dens, petites perlettes,
Ses yeux , deux astres iumeaux,
Ou mille & mille amoureaux,
Trempent de miel leurs sagettes.

HYMEN.

C'est vne douceur benine,
Son ris , & sa bouche aussi,
C'est vne voute ébenine,
Le croissant de son sourci,
Elle retient de son pere
Le port & la maiesté,

Les ver-

Les vertus & la bonté,
Et les graces de sa mere.

HYMEN.

Et comme la branche tendre,
Qui prand raciné du bas
Du laurier, se veut estendre
Et croistre ses petis bras,
Et rien que le ciel n'aspire,
Monstrant son sein verdoyant,
Et son beau cors ondoyant,
Aux doux soupirs de Zephire:

HYMEN.

Ou comme la grace belle
D'vn bouton à demi-clos,
Montre sa robbe nouuelle,
Et son pourpre au fond enclos,
Ne luy restant que l'atente
Des räions d'vn beau Soleil,
Pour épandre le vermeil,
De sa beauté rougissante:

HYMEN.

Tout ainsi vient en croissance
Cette vierge, qui de soy,
Ia porte assez d'asseurance,
Qu'elle est fille d'vn grand Roy,
Sans plus, reste vne rosee,
Ou quelque douce chaleur,
Pour faire épanir la fleur,

De ſa ieuneſſe épouſee.

HYMEN.

LES NYMFES DE LA
MEVSE.

Ie voy le Soleil qui lance
Deſia ſes rais dans les eaux,
Ie voy la nuit qui ſauance
D'alumer ſes clers flambeaux,
Ie la voy qu'elle ſapreſte
De faire luïre le feu,
De veſper, qui peu à peu,
Ia nous découure ſa teſte.

HYMEN.

LES NYMFES DE LA
SEINE.

Ie voy deſia la nuit ſombre
Qui ſur la terre ſepand,
Ie voy l'épais de ſon ombre,
Qui ia par l'air ſe répand,
Vien donq, l'heure eſt oportune,
O nuit, & ſi tu reçois
Les doux accens de ma voix,
Monſtre nous ta face brune.

HYMEN.

Or ſus,

Or ſus la nuit eſt ia cloſe,
L'auancouriere eſt au ciel,
Sur cette bouche décloſe,
Il vous faut cueillir le miel,
Il vous faut doucement ioindre
A ce tetin nouuelet
Comme vn bouton verdelet,
Qui ne fait ores que poindre.

          HYMEN.

Comme la branche tortiſſe
De la vigne aux verds rameaux,
Se pend, ſe colle, & ſe pliſe,
Aux bras des ieunes ormeaux,
Ou comme alors que fleuronne
La Terre, aux rais d'vn beau iour,
Les pigeons ſe font l'amour,
De leur bouchette mignonne.

          HYMEN.

Ainſi l'Eſtoille qui guide
Les petits Amours dorez,
Auec Hymen, qui preſide
A ces feſtins honorez,
Vous appelle, & vous conuie,
Tous deux au col vous ſaiſir,
Pour ſauourer le plaiſir,
Le plus doux de noſtre vie.

          HYMEN.
Sus donc, auant que lon ſorte,

                    D iij

Pages, ostez la clarté,
Nymfes, qu'on serre la porte,
Or sus, c'est assez chanté,
Prenez la ceinture belle
Que vous portez sur le flanc,
Et serrez l'Iuoire blanc,
De cette Espouse nouuelle.

HYMEN.

Vostre ceinture, ou les Graces
Sont empraintes à l'entour,
Et les plaisantes falaces
Du cruel enfant Amour,
Vostre ceinture, ou sont mises
Les amorces & les traiz,
Et les amoureux atraiz
De cent & cent mignardises.

HYMEN.

La boucle est d'or, estofee
De fleches & d'vn carquois,
Et l'entour est d'vn trofee,
Laçé de deux arcs turquois,
Les bouts sont faits d'vne pointe,
Qui porte vn nouueau croissant,
D'vn lyerre verdissant,
Au tour de ses flancs estrainte.

HYMEN.

A tant les Nymfes sacrees
Les Nymfettes aux yeux vers,

De

De leurs bouchettes sucrees,
Au lit chanterent ces vers,
Prenant la boucle fatale
De leur belle, & blanche main,
La bouclerent sous le sein
De cette Nymfe Royalle.

HYMEN.

Couple d'amans amiable,
Que puissiez-vous sans ennuis,
D'vne amitié perdurable,
Passer les iours & les nuits,
Sans que iamais, ny l'Enuie,
Ny le Soin, ny le Courous,
Roüille ses yeux dessus vous,
Pour tourmenter vostre vie.

HYMEN.

Dieux, faites que de leur race,
Puisse naistre vn enfant beau,
Au front qui porte la grace
Du pere, des le berçeau,
Et qui de beauté resemble
A la mere, & de pouuoir,
A ce Roy, qui s'est fait voir,
Egal à vous tous ensemble.

HYMEN.

Voila à peu pres vne partie de la tapisserie de cette châbre que ie vous ay bien vou-

lu defcrire d'autant qu'elle eft rare & fort
exquife. Cette chambre eft plaine de petis
oifeaux, nõpas peints ou contrefaits, mais vi-
uãs, & branlant l'aelle. On voit les vns bec-
queter vne touffe de guis verdoyant, femé
de petis grains, comme de petites perlettes,
les autres des chardõs heriffez, les autres vo-
leter par dedãs les barreaux de la voliere qui
regarde fur la terraffe, les autres emporter
foigneufement de leur petit bec crochu les
cheueux perdus & tõbez du chef de ces bergeres, pour batir & façonner leur nids, ou ils
ponnent & couuẽt leurs œufs & nourriffent
leurs petis. Et croy q̃ c'eft là qu'Amour couue fes amoureaux changez & trãsformez en
ces petis oifillons, compagnons du labeur de
ces bergeres, & fidelles fecretaires de leurs
plus fecrettes penfees. Entre autres ie vy vn
ferin tellement apriuoifé, qu'il venoit dérob-
ber des petites miettes de pain broyees &
froiffees entre les doigts mignars de l'vne de
ces filles, pour porter la béchee à fes petis, pe-
piant & ouurant le bec marqueté, & frangé
d'vne trace iauniffante fur les bords, comme
d'vn petit ourlet de fatin iaune, ou d'vn petit
paffemẽt peint de faffran, les autres font leur
retraitte ordinaire dedans le fein de cette
compagnie aufsi priuément comme dedans
leurs

leurs aires, puis tremouſſant leurs aelles bi-
garees autour de leurs gorges, ſe pendillent
ſur le poil qui ſe heriſſe ſur leur col, becquetant le bout de leurs éguilles diligentes, cõme ſi c'eſtoit vn petit ver. Entre autres ie vy
vne Calandre qui ſemble eſtre à gages pour
mettre en train ces petis oiſeaux à chanter
leur ramage, les contrefaiſant l'vn apres l'autre comme ſ'elle eſtoit la mere à tous. Or en
cette chambre, mais pluſtoſt printems perpetuel, la pareſſe engourdie, ny l'oiſiueté ny ha-
bitent iamais : car ces bergeres y trauaillent
ſans ceſſe, l'vne apres le labeur induſtrieux
quelque gentil ouurage de broderie, l'autre
apres vn laſſis de fil retors, ou de fil de ſoye
de couleur, à groſſes mailles & mailles me-
nues, & croy pour ſeruir de ret & de pantie-
re à ſurprendre & empeſtrer les yeux ou le
cueur de quelque langoureux berger, l'autre
à filer la deſtinee de ſon amant deſeſperé,
tournant de ſes doigts mignars le fuzeau,
vuidant & deuidant ſon fil de bonne grace.
Entre autres y en auoit vne qui faiſoit vn
bouquet de mariolaine, de roſes, de girou-
flee, de ſerpolet, & de pouliot, & me ſouuiẽt
que l'ayant donné à vn certain berger il la
remercia en cette façon parlant de ce bouquet.

Ie l'ay toufiours bien dit,qu'Amour baiſſãt les delles,
S'étoit mis à couuert ſous quelque belle fleur
De ce bouquet gentil,pour échauffer le cueur
De quelque langoureux de ſes flammes cruelles:
 Car en voulant tirer de ces roſes nouuelles
Pour refraichir mes ſens,quelque gentille odeur,
I'ay tiré malheureux vne ſi viue ardeur,
Que ie la ſens couler iuſques dedans mes mouelles.
 Cent fois pour éprouuer ce miracle nouueau,
L'ay mis au vent,à l'air,& plongé dedans l'eau,
Pour étaindre le feu qui le faiſoit éprandre:
 Mais l'eau,le vẽt,& l'air,ſe mélant par les fleurs,
Eſchangez en ſouſpirs,peines,penſers,& pleurs,
Ont mis peines,penſers,fleurs,& ſouſpirs en cendre.

Ie vous aſſeure que celle-là montroit
bien à ſon viſage,à ſon parler, & à ſes façons
gentilles eſtoit de quelque grand lieu , &
quant à ces beautez, Hà Muſes filles de Iupiter qui fauoriſez les ſaintes empriſes de ceux
qui par leur pinçeau immortel portent témoignage à la poſterité des beautez autrement periſſables & enſeuelies ſous ſilence
perpetuel,faites moy Muſes cette grace,que
ie les puiſſe groſſement ébaucher, afin qu'a-
pres ces premiers traits , quelque meilleur
peintre que moy vienne à leur donner la der
niere main, & les rehauſſer des couleurs qui
        luy

luy font deües : feullement ie diray que les
treffes de fes cheueux à couleur de chaftai-
gne, retrouffez & cordonnez autour de fon
vifage, fe font les retraittes ou Amour dreffe
les embuches & les furprifes côtre les cueurs
de ceux qui f'amufent à les contempler: & le
vray magazin ou il fe fournift de liens & de
cordage pour equiper fon nauire, afin de les
ietter en haute mer. Il me fouuiét qu'vn berger de bonne grace & de bonne race, en de-
uint chaftement & tellemét amoureux, qu'il
en perdoit tout fentiment, dormant ou veil-
lant, abfent ou prefent, il ne fongoit qu'en
elle, bref tous fes penfers ne tendoient qu'à
ce but, ie vous diray deux fonnets qu'il me
donna fur ce fuget, parlant à fes penfers.

Hà penfers trop penfez, donnez quelque repos,
Quelque tréue à mon ame, & d'efperances vaines
Fauorizez au moins mes emprifes hautaines.
Et me faittes changer quelquefois de propos:
Vous fuccez à long traits la mouelle de mes os,
Vous me fechez les nerfs, le poumon, & les veines,
Vous m'alterez le fang, & d'vn monde de peines
Fertille renaiffant, vous me chargez le dos.
Si ie fuis à cheual, vous vous iettez en croupe,
Si ie vogue fur mer, vous eftes fur la Poupe,
Si ie vay par les chams, vous talonnez mes pas:

Hà penſers trop penſez, ſi vous n'auez enuie
De me laiſſer gouter les douceurs de la vie,
Auancez ie vous pri l'heure de mon trépas.

L'autre commançoit ainſi.

Qui n'a veu quelquefois à la chaleur ardante
Les mouchettes à miel laiſſer leurs pauillons,
Et bruiantes par l'air à pointe d'eguillons
Se choquer, ſe méler d'vne fureur piquante:
    L'arondelle au trauers de famine beante
Et d'aelles, & de bec, rompre leurs bataillons,
Puis les donner en proye aux legers tourbillons,
Apres cette gorgee en la troupe ondoyante:
    Vienne voir mes pẽſers, mes ſoupirs, & mõ cueur,
Mes yeux, & ma raiſon, tombez en cet erreur,
Pelle-meſle exerçant vne guerre cruelle.
    Quant Amour affamé pour ſe paiſtre y ſuruient,
Frappant à coups de trait, tãt que vaincueur deuient,
Ainſi qu'à coups de bec, la legere arondelle.

De ſon front qui n'a veu ſous vn air doux
& ſerain la belle face de Diane, errante par
les carrieres du ciel, qui le regarde ſeullemẽt,
qu'il regarde vne table d'Iuoire, ou d'Albatre bien poly, ou les Graces à l'enuy ont mis
& graué leurs chiffres & deuiſes, pour marque memorable qu'elle doit vne fois paroi-
ſtre l'vne des mieux nees & plus acomplies
                     crea-

creatures, qui ce voyēt en ce mōde vniuer-
fel, fes yeux refembloiēt deux aftres, ou deux
flambeaux du ciel , les rayons defquels vont
éblouyffant tout hōme qui fen aproche . Le
berger difcourāt aueques moy me fift cet hō
neur q̄ de me découurir fes pafsiōs , & parlāt
des yeux de fa maitreffe difoit ainfi. Hà trop
beaux & trop cleruoyás yeux, feure demeure
& vray feiour de ce petit affronteur Amour,
la forge & l'affinoir ou il forge, trempe, & af-
fere fes fagettes , yeux qui donnez le vent &
l'air aux aelles amoureufes de mes penfees,
les leuant de terre pour les tirer à la cōtem-
plation des chofes celeftes, & admirer fes
vertus, & fi la peur ou l'affection ne mode-
roit quelque peu l'ardeur qui me confomme
ou ne glaçoit mon fang alteré & épars dedans mes veines, ie mourrois de mort fou-
daine, toutesfois douce & defiree pour l'enuie que i'ay de mettre fin à mes peines lan-
goureufes. Et quoy ouurant fes yeux largement fendus & grofsiffans à fleur de tefte, ne
femble il qu'elle promette quelq̄ beau iour?
cōme le foleil apres vn noir & facheux orage viēt à rompre de fes rayōs la brune épaif-
feur de la nüe, ainfi, vn feul trait de fes yeux
languiffans rend ferain & éclaircit la cruelle
tempefte que fa façon rude & farouche fait

naiſtre & ſourdre dedans mon cueur. Il me
recita de meſme aleine vn ſonnet qu'il auoit
fait de ces yeux,& commançoit.

Yeux, non pas yeux mais celeſtes flambeaux
Seurs gardiens, & guides de mon ame,
Qui deguiſez la plus heureuſe trame
De mes beaux iours en cent tourmens nouueaux:
Yeux que ie voy,ſoit que les aſtres beaux
Dorent le Ciel,ſoit que la belle flame
Du beau Soleil la perruque renflame,
Soit qu'il la plonge au ſoir dedans les eaux.
Donques beaux yeux ſi vous auez enuie
De ſuruenir au ſecours de ma vie
Iettez ſur moy quelque trait d'amitie,
Ou me trouuez dedans vous quelque place,
Pour me guider au ſentier de ſa grace,
Ou me niez du tout voſtre pitié.

Ses ioües eſtoiét entre-mélees d'vn teint
blanc & vermeil ſemblables à vn feſton de
roſes trempé dedans du lait, ou les gratieux
ſous-ris,les douceurs, les faueurs, & les Graces auoiét creuſé deux petites foſſettes, aron
dies & égallement miſes. Or ayant ce bon
heur que de la voir, i'eus redoublement d'a-
uenture, car ce berger qui en eſtoit paſsionné, pour l'auoir en mariage,ne me cela rien
de ſon

de son affection, mesme il me monstra quelque sonnets de sa façon, & les chanta sur le
Luc fort gentimét, il y auoit au premier.

Amour estant lassé de trainer par les cieux
Son arc, son feu, ses trets, & son aelle couriere,
Son carquois, son bandeau, promptement delibere
De donner à son dos quelque repos heureux.

Il voute en deux sourcils son arc dessus vos yeux
Il rend à vostre cueur, sa flamme prisonniere,
Au rayon de vos yeux, sa sagette meurdriere,
Ses aelles, il les pend à voz crespes cheueux.

Il cache son carquois, sous l'enflure iumelle
De ce marbre abouty d'vne fraize nouuelle,
De son voille couurant vostre visage beau.

Ainsi s'est desarmé, & en vous ont pour place
L'arc, les feux, & les trets, l'aelle trousse, & bãdeau,
Le sourcy, le cueur, l'œil, le poil, le sein, la face.

Vn desir trop ardant d'vn vol libre & hautain
Iusques dedans le Ciel me porte sur ses aelles,
Mais aprochant trop pres des flammes immortelles
Il brule son plumage, & trebuche soudain.

Son vol pourtant ne cesse, ains trouue vn nou-
ueau train,
Et ratache à son dos plumes toutes nouuelles,
Il reuole, il retombe, ainsi sont eternelles
Les peines que ie sens & que ie souffre en vain.

Car volant mon desir, ma peine ne s'enuolle,
Et tombant, il ne tombe, ains plus ferme se colle,
Et s'atache à mes nerfs, & d'autant que ce feu
Qui brusle son plumage est plus celeste encore
Que celuy d'ici bas, coup à coup me deuore,
Et si bruslant tousiours, ie languis peu à peu.

Ce pauure berger estoit tellement paſsionné qu'à peine me pouuoit reciter ces beaux vers, s'eſtimant heureux de m'auoir rencôtré pour décharger ſon cueur, & moy pareillement d'entendre les diſcours d'vn ſi gétil eſprit, il diſoit à tous propos, O terraſſe, prez, monts, iardins, & bois, fidelles ſecretaires & ſeurs témoins de mes flámes, combien de fois auez vous receu mes ſouſpirs tranſchás dedans voſtre branchage épais? apellât la mort, ou l'amour, à mon ſecours. Ha! condition facheuſe, & trop eſtrange auanture, le demeurer me martire, & le fuir me paſsionne, l'eſperance me guide, & le deſeſpoir détrouſſe mes entrepriſes, la preſence me deſeſpere, & l'abſence me fait eſperer : ma petiteſſe m'éleue & ſa hauteſſe amoindriſt mon affection, le malheur qui plus me preſſe, eſt celuy duquel ie deſire plus l'acroiſſement, ce qui plus me plaiſt eſt ce qui plus me cauſe de déplaiſir.

           Et bref

Et bref c'eſt vne choſe étrange
Qu'il ſemble qu'vn contraire échange
De plaiſir, ou de paſſion,
Nous puniſſe par le contraire
Du bon-heur qui nous vient atraire
A ſuiure noſtre affeſtion.

Il ſemble que noſtre pourſuitte
Ne ſoit ſeulement qu'vne ſuitte
Du bien que plus nous pourſuyuons,
Ce qu'aymons plus, plus nous trauaille
Pour nous remettre à la tenaille
De cela que plus nous fuyons.

Comme celuy qui ſe propoſe
De n'auoir iamais autre choſe
Dedans la bouche que l'honneur,
Rien qu'entrepriſes glorieuſes.
Plus ſouuent ſécoulent venteuſes
S'honnorant de ſon deshonneur.

Mais las! trop importun ſouuenir pourquoy me tires-tu hors du ſentier pour me
faire confeſſer ce que plus ie veux taire, &
découurir ce que plus ay volonté de celer?
permets au moins q̃ ie ſoupire où le deſir me
point, où me laiſſe mourir, car aſſeure toy,

Qu'aprochant ſes beautez ie ne voy qu'vne peur
Qui ſoudain vient ſaiſir mon ame languiſſante

E

D'autre coté ie sens vne fraieur glissante
D'vn facheux desespoir qui me tient en erreur,
 L'esperance à son tour m'en-yure de douceur
En me faisant aimer le mal qui me tourmente
A son dos est la mort qui le trait me presente
Mais voulant mettre fin par elle à mon malheur
 La peur me rend vailland, du desespoir i'espere
Et le seul esperer fait que ie desespere,
La mort me donne vie, & suis en cet effort
 Vaincu, desesperé, esperant, & sans vie:
A telles passions ont mon ame asseruie
La peur, le desespoir l'esperance, & la mort.

Puis soupirant disoit, mon amy puis que
i'ay commancé à vous discourir des beautez
de ma maistresse ie vous diray,

 Qu'Amour voulût forger, dorer, trêper, & ceindre
Les sagettes de feu, quant il est enuieux
De donner vn beau coup d'vn trait qui vole mieux,
Et qui dessus vn cueur puisse mieux mordre &
  poindre,
 Il tire de son cueur le fer pour le contraindre
Et le battre au marteau, l'or fin de ses cheueux,
Pour le bien affiner le trempe dans ses yeux
Et prend pour l'amorcer de ses graces la moindre.
 Il estime ce trait plus cruel que les siens,
Ores qu'ils soient forgez des marteaux lemniens
        A mon

A mon dam ie le ſcay, car à la ſeule trace
   De ce trait rigoureux en moy i'ay recongneu
Du cueur, & des cheueux, des yeux, & de la grace
La puiſſance du fer, l'or, la trempe, & le feu.

Plus ie vous diray que le lait caillotté ſur la
ionchee n'a le teint ſi frais ne ſi douillet que
ſa gorge, elle eſt longuette, graſſetre, & mar-
quee de deux petis plis ſous le menton, elle
eſt ſi blanche que rien ne le peut eſtre plus,
& ſemble qu'Amour l'ait choiſie pour luy ſer
uir de colonne pour pandre les dépouilles
qu'il va butinant ſur les hommes. Cette gorge finiſt en vn ſein large, blanchiſſant, ſans
monſtrer ny muſcle, ny iointure, ny aparance d'os. Ce beau ſein ſiege de la chaſteté, ſe
renfle en deux petites montagnettes taillees
à demi-boſſe, abouties d'vne petite fraizette
rougiſſante au milieu, tirât & repouſſant ſes
ſoupirs d'vne iuſte cadance, ainſi qu'on voit
les petis flots ſur la greue de la mer, ſe ren-
fler & s'eſtendre ſous la contrainte d'vn petit vent mollet. La taille belle, la façon gentille, de bonne grace, bien nourrie, bien apri-
ſe, de bonne nature & de bonne maiſon, &
loüe Dieu, diſoit-il en ſoupirant, de mon
malheur, pour n'auoir découuert autres beautez que celles que chacun voit, car ſi ce qui

paroift me réd malheureux , combien ce tre-
for recellé pourroit redoubler de fouhaits, &
multiplier de nouuelles affections en mon
pauure cueur? Cueur qui ne fert que de cu-
ree perpetuelle à mes amoureux ennuis, a-
charnez deffus luy, & alterez de fon fang, cô-
me le gourmant autour des entrailles re-
naiffantes du miferable Promethee. Mais
Amour tu me fais foruoyer du fentier entrepris, pour me precipiter au malheur qui plus
me plaift. C'eft toy qui eft l'argoufin de la ga
lere ou ie traine la cadene comme vn forcat,
c'eft toy qui m'as dreffé le piege pour me faire entretailler , puis à tefte beffee, trebucher
en ton erreur. C'eft toy qui troubles mon
fang, qui charme & abufe mes yeux, faifant
par là égarer ma raifon de penfers en pêfers,
pour vne qui n'a, & ne fçauroit auoir con-
noiffance du martire que i'endure pour fes
beautez, ayant finy ces difcours il tira vn papier de fon fein, & me dift, tenez voila le
pourtrait de ma maiftreffe que i'ay fait & tra-
çé au pinceau, il n'ya que les premiers traits,
mais tel qu'il eft ie vous prie le garder pour
l'amour d'elle & de moy. C'eftoit veritablement le pourtrait de fa maiftreffe affez legerement élabouré. Ie le vous liray, il parle au
peintre, & commance ainfi.

Sus donc Peintre, sus donc, auant,
Peintre gentil, peintre scauant,
A ce tableau, que l'on me trace
Au vif, le portrait, & la grace,
De ma maitresse que ie voy
Maintenant absente de moy,
Mais comme i'ay la souuenance
De ses beautez en son absence.

Fay luy les cheueux houpelus,
Frizez, retors, blons, crépelus,
Que simplement ou entreuoye
Sans coeffe vn beau cordon de soye
De ses couleurs, pour voir partis
En greue leurs anneaux tortis.

Ou bien si tu les veux épandre,
Laisse-les mollement descendre
Flotans en ondes librement
Sur son tetin mignonement,
Mi-cachant la maiesté braue,
La douceur, & la honte graue
De son front, ainsi que tu vois
De nuit par l'epaisseur d'vn bois
Ou par les replis d'vne nüe
Rayonner la Lune corniüe,
Ou sous le pourpre verdissant
Rougir le raisin pourprissant,
Et prandre couleur sous l'ombrage
De son frais & pampreux fueillage.

E iij

Et si ton art permet encor,
Fay Peintre que le crespe d'or
Qui ses beaux cheueux represente
En ce tableau, soüuement sente
La mesme odeur que font les siens,
Lors qu'en embuche tu t'y tiens
Amour, pour vuider de ta trousse,
Mille morts tout d'vne secousse.

Apres fay luy le front polli,
Large, plain, sans ride, & sans pli,
Et qu'en polliceure réponde
Au cristal reglace de l'onde
A qui l'hiuer au poil rebours
A bridé la bouche & le cours.

Mais sur tout garde moy la grace
Du sourcil, laissant bonne espace
Entre deux, sans les assembler,
Et qu'on les face resembler,
Et si bien courber leur vouture,
Qu'ils trompent l'œil & la nature.
Car ie veuil qu'il semble vrayment
Qu'vn filet rare proprement
Y soit collé, dont l'aparance
Me porte sine d'asseurance
Telle qu'Iris ceignant les cieux
La porte entre nous & les Dieux.

Mais mon Dieu ie ne scaurois feindre
De quel pinceau tu pourras peindre

Ses beaux yeux, dont les doux atraits
M'ont pris & dardé mille traits,
Et si leur grace est bien portraite,
Et leur force bien contrefaitte,
Ie crain las, que par ce tableau
Encor vn escadron nouueau
Qui sort de l'œil qui me maitrise,
Sorte pour redoubler ma prise.

 L'vn soit benin & gratieux,
L'autre felon & furieux,
L'vn trampé de la douce amorce
De Venus, l'autre de la force
Du Dieu guerrier, affin aussi
Qu'estans tous deux meslez ainsi,
Oeilladant le doux on espere,
Et craignant l'autre, on desespere.

 Sans te mouuoir le nez traitis,
Troussé, mignard, & non voutis,
Dont le profit & la iointure
Imitent si bien la nature
Qu'on ne iuge autrement le trait
Estre sinon hors du portrait:

 A cette ioüe auant qu'on trampe
Ce pinceau, & que lon detrampe
D'autres couleurs pour animer
Ce beau teint qui la fait aimer.

 Et pour au vif la contrefaire
Scais-tu paintre qu'il te faut faire,

Il te faut mettre auec les lis
Des œillets fraichement cueillis,
Et meſlier le tout enſemble,
Ou bien comme la roſe tremble
Nageant deſſus le lait caillé,
Tel & pareil ſoit émaillé
Son teint , & ſa rougeur encore
Telle que la porte l'Aurore.

    Mon Dieu mon Dieu ie ne ſcay plus
Ou i'en ſuis , & quant au ſurplus
Ie voy Peintre qu'il me faut taire,
Car ta main ne peut contrefaire
Le tant diuin enchantement
De ſa bouche bien proprement:
Mais fay-là quelle me contente
Seullement pour la douce atente
Que i'ay de baiſer quelquefois
Celle qui me tient ſous ſes loix.

    Pein-là fraichement vermeillette,
Fort atrayante, vn peu groſſette,
Bref ſi bien la contrefaiſant
Qu'elle deuiſe en ſe taiſant.
Et qu'entre ſes leures de roſe
Cache la mignardiſe encloſe,
Et le baiſer, qu'elle donroit
Volontiers à qui la priroit.

    Hà peintre tu n'as rien encores
Acheué, ſi tu ne colores

Au vif ce menton foſſelu,
Polli, graſſelet, pommelu,
Frais, douillet, comme ſur la branche
Au matin la congnaſſe franche
Rouſoye en ſon coton nouueau,
Pardeſſus ſa iaunatre peau.

Hà mon Dieu quelle beauté rare
Ie voy, qui le Scythe barbare
Et le plus cruel nourriſſon
De Tygre, ou de roch enfancon,
Fléchiroit en la douce peine,
Tant-elle eſt doucement humaine.

Mais peintre pour mieux conceuoir
Ces beautez, & faire aparoir
Les traits hardis de ton ouurage,
Il te faut enter vn image,
Et le planter deſſous vn col,
Ou toutes les graces d'vn vol
Dreſſent leurs aelles ébranlees
En mille doucettes volees,
Et qu'à l'ennuy facent deuoir
Ce rameux albatre émouuoir.
Souſpirant leurs douces aleines
Parmy l'entre-las de ces veines,
D'vn doux & mignard tremblement:
Comme on voit ſous vn petit vent
Tremblotter l'herbe mi-panchee
Du pié paſſager non touchee,

Ou comme d'vn branle inegal
L'eguille enclose en vn cristal
De pierre d'aymant animee
Court apres l'Ourse enamoree.

Puis que ce col soit finissant
En vn sein large blanchissant,
Ou la chastete presidente
Y soit chastement rougissante
Auec la honte, mais i'ay peur
Que ton art derobbe l'honneur
De ces montagnes iumelettes,
De ces roses mignardelettes,
De cet albastre soupirant,
De ce marbre qui va tirant
De ses flancs vne aleine douce
Qu'en tirant doucement repousse,
De sa cuisse, de ses genoux
Comme ie croy mollement doux,
De la plus grassette partie
De sa greue au tour arondie,
Car onques ie nus ce bon-heur
De les voir, ny cette faueur
De baiser le voille qui semble
S'animer quant son tetin tremble.

Cache donc ces rares beautez,
Que dis-ie las, mais cruautez,
Qui tiennent mon ame asseruie,
Troublant le repos de ma vie,

Cache

Cache les d'vn acoutrement
D'vn créspe noir, si iustement
Que parmi sa simple véture
Les flots de sa blanche charnure
On entreuoye, & que les plis
Montrent les membres acomplis
En leur rondeur, & façon telle,
Que sous la grace naturelle
Soit aussi bien la maiesté
De son port, comme sa beauté,
Afin de parfaitte la rendre,
Si bien qu'il n'y ait que reprandre.

 Il suffit Peintre, ote la main,
Ote, ie la voy tout à plain,
Hà mon Dieu ie la voy, c'est-elle,
Et possible est que la cruelle
Par la peinture que ie voy,
Parlera doucement à moy.

Ie ne fais doute que cette trop longue
chanson vous aura ennuyez, mais si ie l'eusse
oubliee possible vous en eusiez esté mal-
contens. Ce berger n'eust mis fin à ces discours, n'eust esté qu'en nous pourmenans
sur la terrasse qui regarde le septétrion, nous
aperçumes cette troupe de bergeres chacune portant son ouurage qui se déroboit dedans vne forest voisine des murailles du cha

steau, pour faire l'enceinte d'vne croupe de
montagne, qui est en ce bois. Cette route est
releuee en façon de terrasse, pratiquee en
rondeur, couuerte d'vne feuillee si épaisse &
si toufue, que le soleil, en sa plus ardante chaleur, ne sçauroit transpercer Or cette forest
est celle mesme ou Pan ce grand veneur, les
Faunes, Satyres, Dryades, Amadryades, &
toutes les deïtez forestieres ont accoustu-
mé de faire leur retraitte. Elle est partie de
lõgues & larges routes, pour plus aisémét &
auec plus de plaisir courir le cerf à force, le
sanglier, & le cheureul: En quelques endroits
y a des pauillons quarrez, faits & massonnez
expres pour releier, ou pour faire l'afsẽblee:
il y a de petis vallons au fond desquels coulent des fontaines fraiches & argentines à
petis ruisseaux, pour refraichir les meutes
des chiens échaufez, & le veneur alteré. Or
ces bergeres prindrent leur place à l'ombre
d'vn grand orme cheuelu, toutes trauaillant
apres leur ouurage. Et parce qu'elles sça-
uoïét fort bien que ce berger faisoit l'amour
à l'vne de leurs compagnes, aufsi qu'il y auoit
assez long tems qu'elles ne l'auoient veu, elles l'apellent, luy me prie luy faire compagnie. Ie vous laisse à penser si cela luy fut
agreable, de l'apeller, & le prier, pour aller
au lieu,

au lieu, où il ſe deſiroit le plus. Apres les a-
uoir baiſees & fait la reueráce à toutes l'vne
apres l'autre, il leur conte de ſon voyage d'I-
talie, & ſe tournát diſt à ſon laquais qu'il luy
baillaſt vn papier qu'il luy auoit donné en
charge, il prand ce papier & tire de petis pennaches bien iolis & en dóne à toutes ces bergeres, leur diſant la bonne ſouuenance qu'il
auoit eu d'elles, puis leur bailla vn petit eſcrit
ou eſtoient ces petis vers.

Volez pennaches bienheureux,
Volez à ces cueurs amoureux,
Et ſaluez leur bonne grace,
Puis baiſant doucement leurs mains,
Faittes tant que dedans leurs ſeins,
Vous puiſſiez trouuer quelque place.
A fin que ſi l'Amour vainqueur,
Leur pouuoit échaufer le cueur,
De meſme feu dont il m'alume,
Vous puiſſiez pour les contenter
Gentillement les éuenter,
Par le doux vent de voſtre plume.
Ne penſez ce preſent nouueau
Eſtre fait de plume d'oiſeau,
Amour de ſes plumes legeres
L'a fait pour ne voler iamais,
Laiſſant en vos mains deformais,

Toutes ses aelles prisonnieres.

N'ayez donc crainte que l'Amour,
Qui ne souloit faire seiour
Icy comme oyseau de passage,
Soit maintenant en liberté,
Puis que vous tenez arresté,
Le vol leger de son plumage.

Ces bergeres furét fort contentes de ces
petites nouueautez, mais ayant donné place
à ces presens, l'vne de la troupe luy dist, vous
auez tousiours quelques gentillesses pour les
damoiselles, mais ce n'est pas tout, nous sca-
uons toutes ou tendent vos soupirs, & quát
à mon endroit, ie croy fermement qu'en fin
Amour vous fera grace, vous faisant iouïr librement de l'heur que vous pretendez, mais
quoy, si faut-il que vous nous apreniez quelque bonne chanson, pendant que nous sommes icy de loisir, vous n'estes iamais dégarny
de telle marchãdise, nous vous connoissons
assez, puis, il nous faut ménager le tems, vous
scauez l'heure qu'il nous faut retourner.
Vrayement, répondit ce berger, si Dieu m'a
departy quelques graces en cela que vous
desirez, ie serois de mauuaise nature, ingrat,
& mal apris, si aux prieres d'vne si gentille, &
si honorable compagnie, ie refusois de vous
                                        le mon-

le montrer, pour vous dóner contentemét, en ce que ie puis. Ie vous diray donc vne petite chanſon,ie croy que vous ne doutez pas du ſuget. Non, répondirent ces bergeres, il ſera de l'Amour:lors ce berger ſe hauſſât vn peu,& tournant les yeux vers celle qui le renoit priſonnier dedans les ſiens, commance ainſi.

Hà Pan,dieu des bergers,Pan ſ'il te ſouuiët ores
De la belle Pitys , & de Syringue encores,
De qui l'amour ſoupire en ces tendres rouſeaux
Dont ciras le premier, les premiers chalumeaux,
Si iamais tu ſentis ſous cette peau bouquine
Vne chaleur brulante en ta ieune poitrine,
Ou ſ'il te reſte encor quelque trait d'amitié,
A l'endroit des bergers, ayes de moy pitié,
Et te monſtrant benin à mes humbles prieres,
Eſtain moy cette ardeur,que les eaux des riuieres,
Que le frais argentin des murmurans ruiſſeaux,
Que les antres mouſſus, que l'ombre des ormeaux
Ne ſcauroient apaiſer, tant mon ame eſt épriſe
De ne ſcay quel Amour qui ſi tot la ſurpriſe:
Ie ſcay que les taureaux points de cet aiguillon,
Courent,fumant,muglant, comme époints du frélon,
Mais ils ont quelque tréue, & la fureur les laiſſe,
Et en moy cette ardeur iamais , iamais ne ceſſe
De ſaccager mon cueur,qui ſe bruſle touſiours,

Puis en riant, on dit, que cet le mal d'Amours.
Vse donques vers moy mon cueur, de quelque grace,
Et de quelque faueur, auant que ie trépaſſe,
Car te voyant ie meurs, & mourir ie ne puis,
Librement affranchi de l'erreur ou ie ſuis.

　　Et toy Pan, des troupeaux ſeure garde fidelle,
Sois cauſe que m'Amour ne me ſoit ſi cruelle
Et pour donter vn peu la fureur de mon mal,
Fay que ie baiſe, ó Dieu, ſes leures de coural,
Ie te garde vn trochet de cent noiſilles franches,
Et des raiſins muſcats, atachez à leurs branches,
Vn moiſſine belle, & vn petit oyſon,
Et de mon grand bellier la premiere toiſon,
Puis ie ſcay dans le creux d'vne ſouche ébranchee
De petis étourneaux vne belle nichee,
Ie prandray au gluau & pere, & mere auſſi,
Cet pour toy grand Cheurier, ſi me prens à merci:
Mais ſi de ton berger tu ne fais quelque conte,
Adieu troupeau petit, adieu Hurant qui donte
Les loux plus afamez, adieu mes chalumeaux,
Adieu la panetiere, adieu les pâtoureaux.

Ces bergeres ne ſe ſceurent garder de
rire, oyát cette priere ſi paſtoralle, ſi paſsion-
nee, & faitte ſi à propos, mais non contentes
de cette chanſon, l'importunerent tant qu'il
fut contraint de leur montrer ce quil auoit
raporté de ſon voiage, entre autres nouueau
tez ie

tez ie vous conteray d'vn miroüer qu'il me
montra, ie m'asseure que vous confesserez
que c'est le plus bel ouurage & le mieux parfait qui fut iamais veu. Le pié de ce miroüer
est en triangle, comme tout le reste, il est de
porcelaine éleué en demy-rond, enrichy de
mille petis animaux marins, les vns en co-
que, les autres en écaille, les autres en peau,
tous entortillez par le reply des vagues &des
flots,courbez, & entassez l'vn sur l'autre, &
semble à voir ces troupes écaillees que ce
soit vn triomfe marin. On voit sur l'vne des
faces, entre ces petis animaux, deux gritons
éleuez par dessus les autres qui embouchent
leurs conques,tortillees & abouties en pointe, mouchetees de taches de couleur, aspres
& grumeleuses en quelques endroits, ils ont
la queuë de poisson large & ouuerte sur le
bat. Sur l'autre face est vn coche où y a vn
Roy assis en maiesté, couronné d'vne couronne de ioncs mollets,mélez de grandes &
larges feuilles qui se trouuent sur la greue de
la mer,il porte la barbe longue & herissee,de
couleur blëüe, & semble qu'vne infinité de
ruisseaux distille de ses moustaches alongees
& cordonnees dessus ses leures, il tient de la
main dextre vne fourche à trois pointes, de
l'autre il guide & côduit ses cheuaux marins

F

galoppant à bouche ouuerte, ayant les pieds
déchiquetez & découpez menu comme les
nagoires des poiſſons,ils ont la queüe entor-
tillee comme ſerpens.Les roües de ce char
ſont faittes de rames & d'auirons aſſemblez
pour fandre & couper la tourméte,& l'épaiſ-
ſeur des flots comme à coups de cizeau. De
l'autre face eſt vne Deeſſe en face riante belle & de bonne grace, elle a vn pié en l'air, &
l'autre planté ſur vne coquille de mer, con-
duiſantd'vne main vn petit enfant.

Et gras & potelé, vn enfant que nature
A fait pour vn chef d'œuure il à dedans ſes mains
Des pommes de grenade , & mille petis grains
De Murte verdoyant,il porte des flammeches
Vn arc d'Iuoire blanc, vn carquois plain de fleches
Il porte ſur les yeux ie ne ſcay quel bandeau
Des aelles ſur le dos . ſa delicate peau
Eſt blanche comme neige encore non touchee
Ou le lait caillotté ſur la verte ionchee.

Deſſus cet embaſſemét ſouſtenu de trois
tortües y a le Dieu des bornes, termes & diuiſes,ie croy qu'il eſt de bronze Corinthien,
il peut auoir trois pieds de hauteur, la baſe
& les tortues vn pié deux pouces. Il montre
trois faces fort bien élabourees,l'vne ſemble
rire,l'autre ſemble eſtre melancolique,& l'au
tre

tre pleurer. Au deſſus ſont poſez trois cartou
ches, au bout deſquels eſt mis vn maſque de
Lion, l'vn qui tient à leures entr'ouuertes &
dents ſerrees vne groſſe boucle d'or, de laquelle pēdēt des feſtōs qui repreſentēt mille
ſorte de fruits mis & entre-cachez ſous des
feuilles de vigne, branque vrſine, d'oliuier, &
de lyerre, toutes ces fueilles ſont émaillees
de leur couleur, & les fruits taillez de pierre
fine, comme de diamās, rubis, émeraudes, ſa-
phirs, marguerites, écarboucles, iaſpes, cry-
ſolites, onices, acates, criſtal, cornalines, coural, ametiſtes, & autres. Or mouuant ce miroüer, ces feſtons branlent & rendent vn lu-
ſtre pour la diuerſité de cette pierrerie le plus
beau que l'œil pourroit ſouhaitter. Sur ces
cartouches y a vne bande longue d'vn pié &
demy, ſur la hauteur, de quatre pouces entre
deux petis guillochis, dōt l'vn eſt d'or, & l'autre d'argent, ſi bien & ſi proprement entre-
laſſez qu'ils façonnent vn cordon: ſur le con-
tour y a vn gros diamant taillé en pointe, au
dedās de cette bande ſe voit vne guerre na-
ualle de mōſtres marins, à chaque angle ſont
poſees & aſsiſes deux colōnes de pierre trāſ-
parāte, ayāt leurs baſes & chapiteaux de meſme façon que les feſtons. Entre ces colonnes
ſont miſes les belles glaces de ce miroüer, en-

chaſſees en tableaux fort bien élabourez de
petites vignettes,lyerrees, ou rampent mille
petis animaux,côme frélons,mouches guef-
pes,ſauterelles, cigalles, lizars, & mille ſortes
de petis oiſillons: ſur ces colonnettes ſe voit
vn epiſtyle perleté en toutes ſes faces, la frize enrichie de pluſieurs dépouilles, en mode
de trophees, amoncelez & entaſſez l'vn ſur
l'autre,& taillez de porcelaine,& autres pier-
res de couleur : la cornice en eſt dentelee, &
au haut de chacune denteleure y a deux petis annelets d'or, & la doucine enrichie de
feuilles de branque vrſine,entre leſquelles y
a des goſſes & quelques volutes. Au milieu
de cette frize péd à chacune face vn tableau,
où y a trois diuiſes de l'Amour,en letres d'or,
grauees ſur le noir. En la premiere ce ſont pe
tis Amours portans des aelles, minant & ſa-
pât du bout de leurs fleches acerees l'entour
d'vn rocher,& y a eſcrit en Latin,*Saxea ſuffo-*
*dimus ſic pectora.*L'autre eſt fait d'vn autel fait
à l'antique, ſur lequel y a vne trouſſe de fleches qui brulent par le fer, à petit feu, il y a
eſcrit, *Si Lentus, tamen æternus.* Dedans l'autre y a vn Amour qui ſeme du pauot , & au
deſſou*s , obliuioni.* Sur la cornice y a trois ſty-
lobates où acrotetes,ſur chacun vn petit enfant nud, tenât d'vne main vn cor, de l'autre
vne

vne palme amortie d'vn gros ſtrin taillé en pyramide, grauee de diuiſes & lettres Hieroglyfiques.Pour le dernier amatiſſement,y a vne victoire qui embouche vne trompe, tenant de l'autre main vne palme : elle a des aelles ſur le dos,qui ſont bigarrees & peintes d'vne infinité d'yeux. Voila le miroüer que ie vy entre les mains de ce berger.

Ces filles non contentes d'auoir veu vne partie de ce qu'il auoit raporté, le prierent de leur dire ſil ne ſcauoit point quelque plus gaye chanſon que la premiere, & qu'elles eſtoient plus amoureuſes de telles gentilleſ-ſes que de toutes autres choſes qu'on leur pourroit raporter. Ce berger qui ne de-mandoit qu'à les entretenir,ne ſe fait impor-tuner d'auantage,ſeullement les pria d'excu-ſer la rudeſſe de ſa voix, & la mauuaiſe lyai-ſon de ce qu'il châteroit,parce que ce n'eſtoit que la traduction d'vn langage eſtranger, toutesfois que la chanſon n'eſtoit que chaſte & modeſte en tout,mais amoureuſe, & faite ſur les demádes d'vn baiſer.Elles le prient de pourſuyure l'entrepriſe,& qu'elle ſaſſeuroiét de ſon honneſte & gentil naturel, il prend le Lut qu'il auoit enuoyé querir, puis ma-riant & la corde & la voix,chante ces vers.

Douce , & belle bouchelette,
Plus fraiche, & plus vermeillette,
Que le bouton aiglantin,
Au matin,
Plus suaue & mieux fleurante
Que l'immortel Amaranthe,
Et plus mignarde cent fois,
Que n'est la douce rosee,
Dont la terre est arosee,
Goute à goute au plus doux mois.

Baise moy ma douce amie,
Baise moy ma chere vie,
Autant de fois que ie voy,
Dedans toy,
De peurs, de rigueurs, d'audaces,
De cruautez, & de graces,
Et de sous-ris gratieux,
D'Amoureaux, & de Cyprines,
Dessus tes leures pourprines,
Et de morts dedans les yeux.

Autant que les mains cruelles
De ce Dieu qui a des aelles
A fiché de traits ardans
Au dedans
De mon cueur, autant encore
Que dessus la riue more
Y a de sablons menus,
Autant que dans l'air se iouent

D'oyseaux

D'oyſeaux, & de poiſſons noüent
Dedans les fleuues cornus.

Autant que de mignardiſes,
De priſons, & de franchiſes,
De petis mors, de doux ris,
De doux cris,
Qui t'ont choiſi pour hoſteſſe,
Autant que pour toy maiſtreſſe
I'ay d'aigreur, & de douceur,
De ſoupirs, d'ennuis, de craintes,
Autant que de iuſtes plaintes,
Ie couue dedans mon cueur.

Baiſe moy donq ma ſucree,
Mon Deſir, ma Cytheree,
Baiſe moy mignonnement,
Serrément,
Iuſques à tant que ie die,
Làs ie n'en puis plus ma vie,
Làs mon Dieu ie n'en puis plus,
Lors ta bouchette retire,
Afin que mort ie ſoupire,
Puis me donne le ſurplus.

Ainſi ma douce guerriere,
Mon cueur, mon tout, ma lumiere,
Viuons enſemble, viuons,
Et ſuyuons,
Les doux ſentiers de Ieuneſſe,
Auſſi bien vne vieilleſſe

Nous menace sur le port,
Qui toute courbe & tremblante
Nous atraine, chancellante,
La malladie, & la mort.

Cette chanson leur fut plus agreable que
la premiere pour les mignardises & le desir
passionné d'auoir vn baiser de sa maistresse.
Or apres plusieurs discours de l'Amour qui
seroient longs à vous reciter, elles tomberét
sur la definition de l'amour, tout à propos,
pour sçauoir l'opinion de ce berger : les vnes
disoient que c'est vn charme, qui vient par
les yeux, puis qui coule dedans les veines,
ayant troublé le sang, qu'il trouble la raison:
l'autre, que cest vne humeur pareille qui se
rencontre en deux personnes de semblable
affectió: les autres la vertu: les autres la beauté, la bonne grace, bref chacune en dist sa ra-
telee, luy donnant fondement propre au ba-
stiment de son cerueau. Quát ce vint au ber
ger à dire son opinió, il recite vn sonet qu'il
en auoit fait autrefois, ie ne l'ay voulu ou-
blier pour vous faire iuges s'il est fait à
propos.

Ie veux dire qu'Amour n'est vn facheux émoy,
Qu'vn desir importun, qu'vn obiect qui déuoye
                                        Le train

Le train de la raiſon, qu'vne humeur qui fouruoye
Cà & là par les ſens, & les met hors de ſoy:

 Ou ſi l'Amour eſt rien, c'eſt bien ie ne ſcay quoy,
Qui vient ie ne ſcay d'où, & ne ſcay qui l'enuoye,
Se paiſt ne ſcay comment, de ne ſcay qu'elle proye,
Se ſent ie ne ſcay quant, & ſi ne ſcay pourquoy:

 Comme vn éclair meſlé des pointes de la foudre
Sans offencer la chair, broye les os en poudre,
Ainſi cette poiſon, ſeche, & bruſle, le cueur:

 S'il n'eſt rien de cela, ceſt vn malheur eſtrange
Qui conſomme en veriuſt l'eſpoir de la vandange,
Et iamais ne permet d'en voir le raiſin meur.

Ce berger ayant acheué ſa definition
d'Amour, l'vne de ces bergeres tournât l'œil
& la parolle vers celle pour laquelle il auoit
ſi bien & ſi prontement rancontré ſur la nature de l'Amour, luy diſt, vrayment compagne ſi iamais berger merita quelque faueur
pour ſa bonne grace, pour ſa bonne façon, &
pour ſon gentil eſprit, cettuy-cy merite bien
que vous faciez quelque conte de luy: lors
cette bergere toute honteuſe, l'œil baiſſé,
auec vne douce modeſtie, ic ne doute point
diſt-elle, que l'affection qu'il me porte ne
merite beaucoup, & que les preuues que i'ay
de ſon honeſte ſeruice n'ayent gaigné quelque lieu en ma bône grace, mais eſtant com-

me veritablement ie fuis fous la puiſſance
d'vn pere, fous la rigueur d'vne mere, & en
garde d'vne venerable maiſtreſſe, il faut
qu'il faſſeure de n'auoir iamais œil ny faueur
aucune de moy, que par leur commãdemẽt,
& faut qu'il penſe que ſes paſsions ont autãt
de puiſſance de m'émouuoir à me marier,
comme ſi i'eſtois vne ſtatue de bronze, de
marbre, ou de porfire: alors ce pauure berger doutant quelque facheux raport, pour
vne ſi cruelle reſponce, d'vne voix lente &
tremblante, diſt, puis que la puiſſance & la
contrainte forcee du Deſtin, puis que la fortune & le malheur ont coniuré côtre moy,
puisque la ſource d'Amour ne ſcauroit fournir d'eau pour eſtaindre le feu qu'il à fait en
mon cueur, ie ne puis moins faire que d'ap-
peller le tems, & l'occaſion à mon ſecours, le
tems, pour adoucir ſous le doux vent de ſes
aelles legeres la rigueur du deſaſtre qui me
pourſuit, l'occaſiõ pour quelque douce eſperance, qui ce pendant entretiendra mes paſ-
ſions, puis tournant les yeux vers cette ri-
goreuſe maiſtreſſe diſt,

Adieu ſ'amour, adieu ma chere amie,
Adieu mon cueur, adieu mon doux eſpoir,
Adieu cet œil, qui ſeul à le pouuoir,

De me

De me donner & la mort, & la vie,
Or ie te pri me faire tant d'honneur
Que tu reçoiue aumoins mon pauure cueur,
Tien, le voila, ie te pri de le prandre,
Si mes soupirs n'ont sceu fléchir le tien,
Iette sans plus ton œil dessus le mien,
Tu le verras soudain reduit en cendre.

Ie vous promets que ce pauure berger
dist cet adieu de si bonne grace, & de telle
affection, que les larmes vindrent aux yeux
de toutes ces filles. Pendant ces discours
cinq heures sonnent, retournent au chasteau
le plus legerement qu'elles peurent, entrent
dans la salle, font deux grandes reuerances,
lauent leurs mains, se mettent à table pour
souper, & parce qu'elles auoient assez legerement disné pour l'interpretation du tableau,
se mettent toutes en apétit, elles n'eurent si
tost acheué de souper que voilla arriuer vn
messager qui leur annõçe l'heureuse naissance d'vn petit Prince issu de la race de cette
venerable maison, elles se leuent de table,
loüant Dieu de ce tant desiré enfantement.
Ce messager apres auoir fait sa charge à l'endroit de cette bonne maistresse, acoste les filles, leur conte du grãd & superbe preparatif
du batesme de cet enfãt, & tel veritablemẽt

que l'Europe n'en vit onc de pareil, entre autres choses, il leur montra par escrit vne petite masquarade qui se fist le soir mesme que
ce Prince naquit, elle fut assez legerement
faitte, & sans y auoir autrement pensé, toutesfois assez gentille & assez proprement in-
uentee. C'étoient les filles qui delibererẽt de
dresser ce masque, afin que par quelque gẽ-
tille alaigresse elles mõtrassent l'enuie qu'elles auoient de fauorizer leur maistresse en la
naissance de ce Prince. Trois s'abillent comme le trois Graces, non pas nües comme les
ont paintes & grauees la plus part des anciẽs,
mais vestues d'vn habit de satin blãc à grande broderie de canetille d'argent, & argent
trait, ceintes iustement sous l'enflure soupi-
rante de leur tetin, d'vne ceinture large &
bouclee sur le coté, vn acoustrement de teste
gentil & promtement inuenté, enrichi de
couronnes de laurier. Elles portoient de grãs
cofins d'éclisse plains de roses, de lis, de mir-
the, de mariolaine, de girouflees, & de toutes sortes de fleurs qui se peurent trouuer
pour la saison : entrent dedans la chambre,
dãçant vn petit ballet fait à propos, puis ver-
ferent les fleurs sur le berceau de ce Prince,
& sur le lit de l'acouchee, chantant vne chan-
fon parlant aux Nymfes de la Meuse. Mais
auant

auant que la premiere commançaft(difoit ce meffager) vne petite rougeur entre-meflee d'vne douce honte, f'epand fur font vifage, portant l'œil ademi-clos, & modeftement hauffé, puis entr'ouurant le coural foupirant de fes leures pourprines, commance à dire fon couplet en cette façon.

CHANT D'ALAIGRESSE
SVR LA NAISSANCE DE
Henry de Lorraine, Marquis
du Pont.

Sus, auant, troupe gentille
Qui dormez au fond des eaux.
De la Meufe, qui diftille
En doux & coulans ruiffeaux,
Sus, arreftez Nymfelettes
Vos courtes argentelettes,
Et bienheurez ce beau iour,
En qui le ciel a fait naiftre,
Vn beau Prince, qui doit eftre
La fleur d'Armes, & d'Amour.

Vn beau Prince qu'on peut dire
Trois & quatre fois-heureux,
Race d'ayeux qui l'Empire
Ont tenu cheuallereux,

Et d'vn grand Roy dont la gloire
Esleue au ciel la memoire
D'vn nom, qui doit viure, encor
Que les honneurs se changeassent,
Et que les ans retournassent,
En l'ancien siecle d'or.

Sus donc, venez faire hommage
A ce Prince nouueau né,
A qui le ciel en partage
A de long tems ordonné,
Que sa fortune auancee
Sur la contrainte forcee
Et du sort, & du Destin,
Doit vne fois en sa vie,
Maugré le ciel, & l'enuie,
Rompre les cornes du Rhin.

Et vous Graces immortelles,
Graces, mignonnes des Dieux,
Tirez vos rondes mamelles,
Et de vos doigts precieux
Posez ce Prince en sa couche,
Puis luy mettez en la bouche
Ce petit bout vermeillet,
Cette fraize rougissante,
Sur l'enflure blanchissante,
Qui iette vn ruisseau de lait.

D'vn lait, qui le face croistre,
Vaillant, vertueux, & doux,

Et en

Et en croiſſant aparoiſtre
Braue & beau par deſſus tous,
Tant que ſa leure mignotte
A petis ſoupirs ſuſſotte
L'Amour, la gloire, & l'honneur,
De ſes nourriſſes les Graces,
Seures guides pour les traces,
D'vne Lorraine grandeur.

Et vous petites mouchettes,
Douces fillettes du ciel,
Belles & blondes auettes,
Venez confire le miel
Deſſus la leure pourpree,
Deſſus la langue ſucree,
De ce petit enfançon,
Qui ia monſtre de ſon pere
Les vertus, & de ſa mere
Les Graces & la façon.

Que le ciel porte viſage,
Clair, doux, tranquille, & ſerain,
Chaſſant tout eſpais nuage,
Que les vents rompent leur train
Dedans l'air, & puis que l'onde
De la marine profonde
Mette bas toute rigueur,
Exerçeant comme traitable
Mollement deſſus le ſable,
Sa colere & ſa fureur.

Que la terre à sa naissance,
Ainsi qu'à celle des Rois,
Verse l'heur & l'abondance,
Et qu'il pleuue à cette fois
Vn Printems, vne rosee,
Tant que la plaine arosee
D'vne moisson de senteurs,
S'abreue, & que son aleine
Embâme l'air, & la plaine,
Les bois, & les monts d'odeurs.

Que les plaintes importunes
Ne trauaillent plus nos yeux,
Mais que de ioyes communes
S'enflent la terre, & les cieux,
Iusques aux larmes roulantes,
Et les roches larmoyantes,
De Niobe, au noir courroux,
Qu'on ne voye qu'alaigresses,
Que graces, que gentillesses,
Peintes sur le front de tous.

Et vous Nymfettes Lorraines
Caressez à qui mieux mieux
Dessous vos herbeuses plaines
Ce choisi mignon des Dieux,
Ce Roy vertueux & sage,
Ce Roy, le second image
De Dieu, en sa maiesté,
Qu'heureuse en soit l'acroissance,

Au

Au doux repos de ſa France,
Par ſa diuine bonté.

Et que ſa grace il luy donne,
Chaſſant de luy tout mechef,
Faiſant fleurir ſa couronne
Tour autour de ſon beau chef,
Qu'il augmente, & qu'il benie,
Par ſa bonté infinie,
Noſtre Roine en tout bon heur,
Noſtre Roine, & que ſa grace
S'épande deſſus la race
Du noſtre, & de ſon ſeigneur.

Et vous les trois ſœurs ouurieres
A trancher le cours du tems,
Tirez les trames entieres
Et le filet de ſes ans,
Puis filez la deſtinee
De l'enfance la mieux nee
Que le ſoleil ſçauroit voir,
Soit en ſortant de ſa couche,
Soit entrant, lors qu'il ſe couche
Tous poudreux deſſus le ſoir.

Filez ſa tendre ieuneſſe,
Et tournez tant le fuzeau,
Que les ans, ny leur viteſſe,
N'aprochent de ſon berceau,
Puis luy plantez la victoire,
L'heur, la vaillance, & la gloire,

Et l'honneur dedans sa main,
Tant que sa force viuante,
Trompe la pince mordante,
De voftre cizeau d'airain.

Cette femonce finie par ces trois Graces
aux Nymfes de la Meufe foudain arriuent
trois autres bergeres mafquees, côtrefaifant
les trois Parques filles de la nuit, pour bienheurer par leurs fouhaits le defiré enfantement de ce Prince. Elles eftoiét en cottes de
turquin violet, frangees & houpees de foye
cramoifie, trouffee à menus plis deffous la hâ
che, les bras nuds iufques au neu de l'épaule,
tenant en main vn flambeau noir, & iettant
fumee de fort gracieux parfum : ceintes fous
les flancs d'vne ceinture large d'vn bon demi
pié, bouclee fur le coté à boucles d'airain faittes & cizelees de leurs chiffres & diuifes, en-
tre-laffees de bonne grace, mais d'autant que
les trois premieres eftoient belles, ieunes, &
pollies, ces trois fœurs eftoiét vieilles, laides,
ridees, & de mauuaife apparence : elles portoient les treffes de leurs cheueleures pen-
dantes fur les épaules repliees d'vne bande-
lette de foye incarnate, l'vne portoit au coté
gauche vne quenoille de cuyure garnie de
longues poupees de l'aine blâche, puis à dois
                                    couplez

couplez tiroit & retiroit le fil trois fois retors
de la vie de ce ieune Prince, puis le tirant elle
polliſſoit à petites morſures, puis entr'ouurât
la bouche quelquefois elle déroboit vn peu
d'humeur auec le petit bout de la lãgue pour
donner ſecours à ſes leures alterees. L'autre
faiſoit piroüetter en rond ce fuzeau fatal,
controleur de noſtre vie. L'autre tenoit vn
cizeau d'airain & menaçoit de trancher le fil
trois fois retors de la vie de ce beau Prince.
Deuant leurs pieds y auoit trois grands paniers d'ecliſſe plains de molles & delicates
toiſons iuſques à outrepaſſer les bors. Or cette troupe ſans donner tant ſoit peu de tréue
à leur labeur delibere de chanter les ſouhaits
de ce Prince, en troupe premierement, puis
l'vne apres l'autre. Donques entr'ouurant
leurs leures profettes chantent la fatalle Deſtinee & les futurs oracles de ce Prince nou-
uellement né, d'vne voix que les ans ny l'enuie, ny le malheur de noſtre tems n'y ſcauroient mordre ny reprendre. Or tournant le
fuzeau commancent en cette façon.

Toutes trois enſemble.

Courez fuzeaux courez & deuidez la trame
L'heur, les iours, & les ans, du Prince le plus beau

Et le cors animé de la plus gentille ame
Qui iamais s'alongea dessous nostre fuseau.

La premiere.

Moy qui donte les ans,& retranche des aelles
La contrainte forcee & le vol du Destin,
Ie veux qu'il puisse ioindre aux terres paternelles
Et Calabre & Sicile & les cources du Rhin.

La seconde,

Ie luy donne en souhait l'hōneur,& la victoire.
La grandeur de sa race,& l'apuy d'vn grand Roy,
Le repos & la paix, la vaillance & la gloire,
La bonté, la vertu, la Iustice,& la foy.

La tierce.

Ie veux par mon souhait, que sa blonde icunesse
Voye de pere en fils prosperer sa maison,
Ie veux qu'il puisse voir en sa blanche vieillesse
Les rides de sa mere,& son pere grison.

Ensemble.

Courez fuzeaux courez, & deuidez la trame
L'heur, les iours,& les ans, du Prince le plus beau
Et le cors animé de la plus gentille amé
Qui iamais s'alongea dessous nostre fuzeau.

La premiere.

Croissez, Prince, croissez en croissant ie vous
donne
Cet heur que sans malheur croissez heureusement
C'est l'arrest du Destin, le ciel ainsi l'ordonne
Et les astres benins à son enfantement.

La

La seconde.

Croiſſez Prince bien né, croiſſez l'autre lumiere,
Croiſſez l'aſtre nouueau de ces Princes Lorrains,
Croiſſez Prince croiſſez, croiſſez race guerriere
Aymé de deux grãs Roys, vos deux oncles parrains.

La tierce.

Croiſſez Prince croiſſez, gentil, courtois, honeſte,
Bien apris, bien adroit, ſage, & vaillant guerrier,
Par augure certain ie mets ſus voſtre teſte
Des le premier berceau ce chapeau de laurier.

En troupe.

Courez fuzeaux courez & deuidez la trame, &c.

La premiere.

Ie loge pour iamais les viues étincelles
L'arc la trouſſe & les traits d'amour dedãs vos yeux,
I'atache au beau coural de vos leures iumelles
Les baiſers, les atraits, & les ris gratieux.

La ſeconde.

Deſſus voſtre beau front de main non violable
I'engraue la vaillance & l'heur & la bonté,
Le comble des beautez, ſous vn port venerable
Et auec la douceur, la graue maieſté.

La tierce.

Ainſi de bouche en bouche on dira les louanges
De ces Princes Lorrains iuſqu'aux flots de la mer,
Les flots les pouſſeront iuſqu'aux riues étranges,
Et les riues au vents, & les vents dedans l'air.

En troupe.

Courez fuzeaux courez, & deuidez la trame
L'heur les iours & les ans du Prince le plus beau,
Et le cors animé de la plus gentille ame,
Qui iamais s'alongea deſſous noſtre fuzeau.

Apres la lecture de cette maſquarade qui
fut iugee de ces bergeres aſſez bien inuen-
tee pour auoir eſté faitte ſur le chãp, Ce meſſager, homme gétil & bien apris, leur fait vn
long diſcours du ſuperbe appareil de ce ba-
teſme, & de la venue du Roy, entre autres il
fit vn conte d'vn maſque le plus eſtrange qui
fut onc.C'étoit vne vieille querelle des quatre elemens contre quatre planettes combatant pour la grandeur du Roy & pour maintenir ſa puiſſance,mais en fin Iupiter deſcen-
dant de ſon troſne aſsis ſur ſon aigle gardien
de ſa foudre les deuoit apointer,faiſãt le Roy
ſeigneur de la terre vniuerſelle , ſe reſeruant
le ciel . La terre, diſoit ce meſſager, eſt vne
groſſe maſſe ou coulent fleuues , fonteines
ruiſſeaux,s'enflent roches,montagnes calfat-
tees de mouſſe, de fleurs, d'herbes, d'arbriſſeaux,en quelques lieux ſe découurent villes
chaſteaux , au milieu preſide la nature découurant vn nombre infiny de fecondes mamelles pour dõner nourriture à cet elemẽt.
　　　　　　　　　　　　　　La mer

La mer eſt vne autre maſſe flots ſur flots a-
amaſſee, ou ſe voyent baleines mouuant la
queüe, la bouche, & les yeux. D'auphins au
dos courbé. Marſoüins,& vne infinité de mō
ſtres marins. La preſide Neptune tenāt ſon
trident, commandant en ſon gouuerment
humide. L'air eſt vne autre maſſe de nües repliees & entaſſees l'vne ſur l'autre,où ſe cour
be en demi-rond ce bel arc bigarré de couleurs, qui ſemble faire vne ceinture au ciel
quant il veut pleuuoir, là preſide Iunon.
Le feu eſt vn autre amas de flammes ardan-
tes où Vulcan forge au marteau les pointes
entortillees & les traits acerez des foudres de
Iupiter. Ie vous dy groſſement ce que c'eſt,
laiſſant vne autre infinité d'entrepriſes d'é-
tranges artifices de feu qui ſ'y verront, forts
aſſiegez, batailles de ſauuages, cources à pié,
à cheual, rompre lances, piques, combatre à
la barriere, & mille autres gentils exercices,
ſi ie puis auoir le memoire de ces magnificéces, cōme le meſſager promit à ſes filles d'en-
uoyer, ie vous le conteray quelquefois tout
au long. Ie n'oublieray toutesfois ces beaux
vers que ce grand berger Vandomois, apellé
à ſes magnificences, chanta ſur ſa lyre doree,
pour ce maſque.

La Terre.

Ie t'ay donné, Charles, Roy des Françoys,
Non pas vn fleuue, vne ville, ou vn bois,
Mais en t'ouurant ma richeſſe feconde
De tous les biens que i'auois eſpargné
Depuis mille ans, ie t'ay accompagné,
Pour eſtre fait le plus grand Roy du monde.

La Mer.

Autant que i'ay d'écumes & de flots
Lors que les vents cheminent ſur mon dos,
Et que le Ciel à Neptune fait guerre,
Autant de force & d'honneur i'ay donné
A ce grand Prince heureuſement bien né
Pour eſtre Roy le plus grand de la terre.

L'air.

Ie nourris tout, toute choſe i'embraſſe,
Et ma vertu par toute choſe paſſe,
Ie contrains tout, ie tiens tout en mes mains,
Et tout ainſi que de tout ie ſuis maiſtre
Pour commander, au monde i'ay fait naiſtre
Ce ieune Roy, le plus grand des humains.

Le Feu.

Ce que i'auois de clair & de gentil
De prompt, de vif, de parfait, de ſubtil,
Ie l'ay donné, à Charles, Roy de France,
Pour illuſtrer ſon ſceptre tout ainſi
Qu'on voit le Ciel de mes feux éclarci
Afin que ſeul, ſur tous il ait puiſſance.

Le

Le Soleil.

Ce n'eſt pas toy, Terre, qui ce grand Roy
As tant remply de puiſſance, c'eſt moy
De qui l'aſpet aux Roys donne la vie,
Et peut leur ſceptre en gloire maintenir:
Donc ſi tu veux ton dire ſoutenir,
Vien au combat, icy ie te defie.

Mercure.

Ie donne aux Roys l'auis, & la prudence,
Et le conſeil qui paſſe la puiſſance,
Comme i'ay fait à Charles ce grand Roy,
Pour gouuerner la terre vniuerſelle,
Et ſi la mer veut dire que c'eſt-elle
Ie dy que non, ſoutenant que c'eſt moy.

Saturne.

Ie fais long tems les Royaumes durer
Et les grands Roys longuement proſperer
Quant d'vn bon œil i'eclaire à leur naiſſance,
Comme ce Roy, que i'ay fait de ma main,
Et non pas l'air, mol, variable & vain,
S'il le ſouſtient qu'il ſe mette en defence.

Mars.

Ie fais les Roys valeureux, & guerriers,
Et ſur leur front ie plante les l'auriers,
Quant en naiſſant mon flambeau les éclaire:
Le feu n'a fait vn Prince ſi gentil,
Car le feu eſt de nature infertil,
Et ſi le dit, ie ſouſtiens le contraire.

Iupiter.

Appaisez-vous, ne ioüez plus des mains,
Vous Elemens, & vous quatre Planettes,
Qui sous mon sceptre aussi humbles vous estes
Que dessous vous sont humbles les humains.

I'ay, non pas vous, par mes propres dessains
Mis en ce Roy tant de vertus parfaittes
Pour gouuerner les terres que i'ay faittes,
Car du grand Dieu les œuures ne sont vains.

Et bien qu'il soit encore ieune d'age,
Dés maintenant ie veux faire vn partage
Aueques luy, de ce monde diuers.

I'auray pour moy les Cieux, & le Tonnerre,
Et pour sa part ce Prince aura la Terre,
Ainsi nous deux aurons tout l'vniuers.

Pendant ce discours qui n'ennuya gueres
à ces bergeres huit heures sonnēt, & soudain
toute la compagnie sort de la terrasse & dō-
ne le bon soir à cette venerable Princesse
chacun se retirant à son logis, ie descens
comme les autres cette facheuse descente &
perdis ma compagnie. Or afin que sachiez
l'asiete de ce lieu, comme i'auois entrepris
de vous dire dés le matin, Il y a au pié de ce
chasteau vne petite villette ceinte de murailles, & de la Marne qui va léchāt ses bors, cette ville est riche de toutes les cōmoditez que
les

les bergers, cheuriers, bouuiers, laboureurs
pourroient souhaitter, fust pour trouuer pa-
netieres ouurees & taillees au poinçon auec
leurs écharpes, colliers herissez de clous pour
les mâtins, houlettes tournees, pollies, & bié
ferrees, fust de pince, fust de crochet, muset-
tes au ventre de cerf à grãd bourdon embou
chees de cornes de Dain, où de laton, fleutes
flageollets de canne de sureau, d'écorce de
peuplier, cages d'ozier & de ronçes écarrees
& pertuisees auec vne brochette rougie au
feu, & éclissee de petis barreaux de troinelle
pellee garnie de cocasses de limas pour seruir
d'abreuoir & d'augettes pour les oiseaux,
couples de crein de cheual, sonnettes, iects,
longes, veruelles, petites prisons de ioncs
mollets pour enfermer des sauterelles, cein-
tures, rubans, bracelets, vants, fleaux, éclisses,
oules, battes, terrines, tirouïers, & toutes fortes de vaisseaux propres à la bergerie, vache-
rie, & labourage. Entre autres ie vy vn berger qui manioit le tour si propremét que les
petis vases qui se déroboient de sa main é-
toient si delicatement tournez & pollis que
les pressant doucement de la leure ils se
plyoient & obeïssoient comme le plus fin pa
pier qui se trouue, encores qu'ils fussent de
buis, de corneiller, d'Iuoire, de corne de bufle

d'Ebene ou d'autre bois. Ce berger eſtoit ſi
parfait en ſon art qu'il tournoit les moulures
des chapiteaux de colonnettes en quarré,en
triangle, en oualle, & en toutes figures. Ie
vous d'écriray vn chef-d'œuure qu'il fiſt de ſa
main, c'eſt vne coupe de bois de Cornaiſier,
fort belle,& bien taillee.

Elle eſt faitte au grand tour,obliquement creuſée
Cernant vn double rond en Oualle eſtandu,
Sur les flancs de la cuue on y voit eſpandu
Le tortis raboteux d'vne tendre vignette
Monſtrant tout à l'entour ſa feuille tendrelette.
Dont naiſſent à l'enui en mille & mille pars
Vn ſcadron fretillard de verdoyans liſars,
De bourdonnans frelons,& de rouges limaces
Et autres dans les plis de leurs tendres cocaſſes.
Le tige eſt tout courbé de petis oyſillons
Becquetant ſur le dos des legers papillons,
Le pié bien reueſtu de la meſme racine
Qui ſort des entrelas trouſſez de branque vrſine
Ombrageant tout le bas de ſon feuillage tors.
    On y voit ſerpentant & courant ſur les bors
De la patte arondie vn tortis de lierre,
Qu'vn filet delié en cent floccons tient ſerre,
Liant ſubtilement la branche tout au tour,
Le tout ſi bien polli,qu'en y voyant le iour,
Cette couppe fléchit de la leure preſſée

Le cou-

Le couuercle est taillé d'vne feuille amassee
L'vn sur l'autre en écaille, & le bord contrefait
De petis escargots qui monstrent le refait
Et le renfrongnement de leur corne craintiue,
De ces feuilles de chesne vne épaisseur naiue
De trois glants aparoist en leur pointe dressez,
Qui semblent sous le fais d'vne barque pressez
Dont le bois fort madré en ondes se fouruoye
Et semble auec le iour que l'eau dedans ondoye.

Au milieu de la barque il se dresse vn vaisseau
Creuse du mesme bois, ou sur le renouueau
Il met du serpolet à la feuille nouuelle
Pour ietter dans le sein de sa maistresse belle.

L'anse de cette couppe est fait d'vn leurier
Haussé sur le deuant que ce gentil ouurier
A si bien labouré, que la teste arangee
Et mise entre ses pieds, est si bien alongee
Qu'estant sur les argots estandu de son long
Il semble s'efforcer à boire dans le fond
De quelque ruisselet à la cource argentine,
Et voilla le tresor de sa pauure cassine.

Vn autre gentil artizan venu de la riue
d'Vvigne me dōna vn baston de berger, que
luy mesme auoit fait, vous iugerez par ce que
ie vous en diray s'il est beau. La poignee est
de corne de Cerf, blāchie, pollie & bien aron
die sur le tour, l'entour de cette poignee est

tracé de sept lignes & sept espaces desquelles
y en a six de mesme longueur, la septiesme
est plus longuette que les autres & c'est celle
qui monstre & marque les heures deuât mi-
dy en descendât, & celles qui suyuent apres
en montant. Les douze signes du Zodiaque
sont côpris dedâs les six espaces, six en montant iusques au solstice d'Esté, & six en deua-
lant. Ces six lignes sont tirees égalles en lon-
güeur & paralelles, mi-parties d'vne ligne
plus courte, puis entre ces diuisions, qui sont
douze, y a encores deux petites lignes &
trois espaces, qui ne sont que marques où
points, lesquelles contiennent entre-elles l'e-
space de cinq iours, lesquels multipliez six
fois, font trente iours où trente degrez, que
tient chacune espace ou signe du Zodiaque,
lesquels mis ensemble, font le cours Solaire,
où vn an entier. Il y a d'autres lignes tortues
qui tournent obliquement, marquees & tirees sur celles qui tombent à plom, par elles
se cognoist la hauteur, du Soleil chaque heure, chaque iour, & chaque signe, selô le cours
d'iceluy. Par le mouuement du chapiteau ou
pômelle Inferieure ouurant vne petite éguil
le qui s'y emboiste & l'arrestant au iour & signe du mois, tenant aussi le baston perpen-
diculairement, on cognoist les heures & mi-
nutes

nutes par l'ombre du Soleil. La haute pômel
le eſt faite de bois d'Ebene, où ſôt marquees
douze eſpaces contrefaittes en petis goldrôs
leſquels par le ſubtil mouuemēt d'vne cala-
mite où éguille aimantee enſeignēt les quatre diuiſions de la terre. Le Leuãt, le Ponant,
le Mydi, le Septentrion. Les huit qui reſtent
découurent les vents conſtãs & inconſtãs, &
montrent le chemin que lon veut tenir par
tout le môde. Le tige de ce baſton ſe met en
quatre pieces qui ſeruent de quatre fleutes à
neuf trous fort belles & bien compaſſees, ce
que me monſtrant ce gentil ouurier, ſe trou-
uerēt quatre ieunes bergers, ſi à propos, qui
les accorderent & chanterent à l'enuy l'vn
apres l'autre ſur les douceurs d'vn baiſer, puis
me firēt tãt de bien que de me dôner le double de leurs baiſers. Le premier cômance ain
ſi ſur les beautez des leuresde ſa maiſtreſſe.

Mouches qui maçonnéz les voutes encirees
De vos palais dorez, & qui dés le matin
Volléz de mont en mont pour effleurer le Thin
Et ſuſſoter des fleurs les odeurs ſauourees:
 Dreſſez vos aellerons ſur les leures ſucrees
De ma belle maiſtreſſe, & baizant ſon tetin,
Sur ſa bouche pilliez le plus riche butin.
Que vous chargeaſtes oncq' ſur vos aelles dorees:

Là

Là trouuerez vn air embâmé de senteurs
Vn lac comblé de miel, vne moisson d'odeurs,
Mais gardez-vous aussi des embuches cruelles,
       Car de sa bouche il sort vn brazier allumé,
Et de soupirs ardans vn escadron armé
Et pource gardez-vous de n'y bruler vos aelles.

       Ie ne mentiray point, quant ce baiser ie pris
Sur les bors rougissans de cette leure tendre,
Ie restay si transi que ie ne puis apprendre
De quels liens charmez furent lors mes esprits.
       A-il point quelque feu qui m'ait le cœur espris,
Pour le faire bruler, & le reduire en cendre,
Non, car ie sens vn froid dedans mon cors s'épendre
Qui traïtre & déloyal en baisant m'a surpris.
       Est-ce point de ses yeux quelque ialouse enuie
Qui m'a de ses attraits ainsi l'ame rauie,
Et détrempe le cœur de l'aigreur que ie sens,
       Ouy, car en suffotant le miel dessus sa bouche,
I'ay veu, & m'en souuient, vne œillade farouche,
Qui de ses traits aigus a dérobé mes sens.

       Lors que pour vous baiser ie m'aproche de vous,
En soupirant mon ame à secrettes emblees
S'écoule hors de moy, sur vos leures comblees
D'vn Nectar dont les dieux mesme seroient ialoux.
       Puis quant elle c'est peüe en ce bruuage doux,
Et la mienne & la vostre ensemble sont mélees,
                                   Tout

Tout ainſi toſt ie ſens les forces écouleés
De mon cors aſoybly qui demeure ſans poux.

   Que ſeras-tu chetif, qu'en dites-vous ma vie,
C'eſt par voſtre douceur qu'elle a touſiours fuyate
Que ſon cors eſt reſté de ſes membres perclus,

   Hà changez ce baiſer ha changez-le maiſtreſſe,
Changez-le ou dans vos bras mõ ame ie vous laiſſe,
Non, ne le changez-pas, mais ne m'en donné plus.

   Hà ne me baiſez plus, mignonne ie me meurs
Voſtre leure à ce coup ha mon ame rauie
A dieu doncques mon ame, à Dieu doncques ma vie,
Ces ſoupirs de ma mort ſoient les auancoureurs,

   Puis qu'il conuient mourir entre tãt de douceurs
Confittes de nectar, de miel & d'ambroſie,
Mourez, l'enfant amour à mourir vous conuie,
Qui voudroit dédaigner ſes tant douces faueurs?

   Mais voyez ie vous pry la noble architecture
Et le marbre animé de voſtre ſepulture
Ou ſerez pour iamais, ceſt le temple d'vn Dieu:

   Ce n'eſt rien que coural, que blanchettes perlettes,
Que bâme, que parfum, que roſes vermeillettes,
Mõ Dieu qu'il eſt heureux qui meurt en ſi beau lieu.

   Hà ie vous pry mes yeux ſoyez moy ſi courtois
De me fournir de pleurs, n'épargnez la fontaine
Qui ne tariſt iamais de l'humeur de ma peine,
Soyez-m'en liberaux au moins pour cette fois.

Ie sens vne douleur qui m'estouppe la voix
Qui me glace le sang, & retient mon aleine,
Ie voy desia la mort cruelle qui me meine
Ou les simples bergers sont grands comme les Roys.

    Cette douleur me vient d'vne amoureuse enuie
Que i'ay, de voir absent les graces de ma vie
Auant que de mourir, & de baiser encor

    L'Iuoire blanchissant de sa chaste poitrine,
De voir ses yeux, sa main & sa marche diuine,
Puis en baisant mourir dessus ses leures d'or.

    Ie disois, mon desir, mon dieu que ie vous baise
Ie ne veux rien de vous sinon le seul baiser,
C'est bien peu de faueur, mais il peut appaiser
L'ardeur qui me consomme en l'amoureuse braize

    Soudain vintes à moy, & moy ie tressaux d aise
Esperant ce bon-heur de vous pouuoir baiser,
Et puis en vous baisant de pouuoir deuiser,
Du doux mal qui me plaist & me tient à mal-ayse:

    Mais làs que fistes vous, vous vintes seulement
D'vn petit bout de leure aprocher doucement
Les deux bors languissans de la mienne alteree,

    Quoy est-ce la baiser? dites moy, mon desir,
Non, mais c'est me laisser sous ombre d'vn plaisir
Le regret importun d'vne ioye esperee.

    Quant ie baise tes yeux ie sens de toutes pars
La fleur de l'oranger, la fleur de l'aube-spine,
                                        Le thin,

Le thin, le pouliot, & la rose aiglentine,
La framboise, la fraize, & les fleurons de Mars.
   Mais quant en me baisant, douce, tu me depars
Les soupirs dérobez de ta blanche poitrine,
Le mouuoir tremblotant de ta leure poupine,
Et l'air entre-couppé de petits mots mignars:
   Ie quitte dédaigneux les tables plus friandes
De la bouche des dieux, ie quitte leurs viandes,
Le nectar, l'ambrosie, & la manne, & le miel:
   Ie les quitte vrayment, & la troupe immortelle
Ores me commandast de manger auec elle,
Car sans toy ie ne veux commander dans le ciel.

   Quant ie presse en baisant ta leure à petis mors
Vne part de mon ame est viuante en la tienne,
Vne part de la tienne est viuante en la mienne,
Et vn mesme soupir fait viure nos deux cors:
   Mais la tienne s'ennuye & cherche le dehors,
Afin de retrouuer sa demeure ancienne,
La mienne la veut suiure, & delaisse la sienne
Ainsi pour toy ie suis viuant entre les morts,
   Et si tu n'as au cueur quelque amoureuse enuie,
De venir prontement au secours de ma vie,
Ie demeure sans poux, sans force, & sans chaleur,
   Baise moy donq' maistresse, & me sois secou-
rable
Au moins pour cette fois d'vn baiser fauorable,
Qui bienheureux me face en vn si beau malheur.

Tout ainſi que lon voit vne couple accouplee
De ieunes columbeaux deſſus vn ruiſſelet:
Se baiſer tour à tour d'vn bec mignardelet,
Iargonnant, fretillant d'vne gorgette enflee

Tout ainſi ie baiſois cette bouche emperlee,
Ces roſes, ces œillets, ce coural vermeillet,
Tirant & repouſant vn ſoupir doucelet,
Dont fut preſque mon ame en ſa bouche eſſouflee

Mais las on dit bien vray, que l'amoureux plaiſir
A touſiours à la queüe vn nouueau déplaiſir,
Car apres ce baiſer vn adieu me contente.

Alors ie cogneu bien que le bec compagnon
Souuent trompe en baiſant le pigeonneau mignon
Le repaiſſant en fin d'vne trompeuſe attente.

Ie meure mon deſir ſi ce parler accort,
Ce baiſer moitte & ſec, cette bouche enyuree
Des odeurs du printems & de manne ſuccree
Ne m'ont fait en baiſant compagnon de la mort.

Ie meure mon deſir, ſ'ils n'ont raui ſi fort
Et ſi fort trauaillé ma poure ame alteree
Que folle de plaiſir elle fuit égaree
Cherchant à ſon malheur quelque heureux recõfort.

Ie meure mon deſir, ſi ce baiſer mignon
Ce baiſer moitte & ſec, ce baiſer compaignon
De ſoupirs embamez, ne rend tout ce qu'il emble,

Car ſ'il me ſucçe l'ame, ou le ſang, ou l'humeur,
Soudain me la redonne, & me rend ma chaleur

                 Et

Et par vn doux soupir tous ces larcins ensemble.

Ie vy n'a pas long tems le portrait si bien fait
Et si bien retiré de ma fiere aduenture,
Son visage si beau, que la gente nature,
Voire y prenant plaisir, en feroit on plus lait.

Ie vy ce front, ce poil, si trébien contrefait,
Cet œil si bien rendu, qu'en sa morte peinture
Il me faisoit trembler de sa fainte pointure
Ne luy restant que l'ame afin d'estre parfait.

Mais que m'en aduint-il ? O estrange infortune
Pendant qu'en ce tableau sa bouche i'importune
De cent baisers mignards qui couuoïet en mon cueur,

Pendant que ie souflois en mille & mille sortes
Et la glace, & le feu, dessus ses leures mortes,
Ie les vy ramollir, & changer de couleur.

Aproche toy s'Amour & me baise en la bouche
Aproche toy s'Amour & vien aupres de moy,
Et seras tu tousiours & sans sauoir pourquoy
S'Amour à son amy & cruelle & farouche ?

Si l'amour que tu dois à ce beau nom te touche
Ou si quelque pitié se loge dedans toy
Aproche toy s'Amour, autrement ie me voy
Secher deuant tes yeux comme vne vieille souche.

Monstre moy donc s'Amour ces roses, ce cristal
Que ie sucçe & resucçe & presse le coural
De ta leure sucree, ainsi que la sansue

Qui se colle & se pend au Iarret du pécheur
Sucçe tant qu'enyuree & de sang & d'humeur
Tumbe morte en sucçant, & en viuant se tue.

Mon Dieu retirez-vous, retirez-vous friande
Dedans vostre rampart sans plus liurer l'assaut,
A ce poure chetif, à qui le cueur defaut,
Et qui rien que la mort pour secours ne demande.
Il n'est ia de besoing que plus il se defende,
Hà vous l'auez surpris, ouy traïtresse, en sursaut,
Et tellement surpris que maintenant il faut
Que mort sur vostre bouche en vous baisant se rede.
Mais auant que mourir, ie te suppli mon cueur
Verse encor vn petit de la douce liqueur
Qui s'ecoule en pressant de ta leure iumelle,
Puis me donne vn soupir, & iette doucement
Vn baiser dans ma bouche assez étroittement,
Ainsi mourant ma mort ne peut estre que belle.

Apres auoir chanté & reioint ce baston,
ce gentil artizan m'enseigna comme il pouuoit seruir à arpenter, à prédre largeurs, lon-
gueurs, & hauteurs, à cognoistre quel chemin fait la Lune en vne heure artificielle, les
distances des étoilles fixes de l'vne à l'autre,
comme le creux de la pommelle peut seruir
à mettre creons & peintures liquides, & celuy des fleutes à mettre plumes, pinçeaux, cō-
pas,

pas, équierre, papier, pour defigner paifages,
villes, chafteaux, & baftimens ruftiques, pour
mettre aufsi petis coutelets pour faire mo-
delles à leuer fardeaux plus à l'aife, releuer
charrettes & chariots verfez, engins Hydrau
liques pour puifer l'eau fubtilement du bas
en haut. Il me montra aufsi comme on trou-
uoit aifement la demie toife fur le dos de ce
bâton, qui contient trois pieds, chacun pié
douze pouces, chacun pouce douze onces
où lignes, les marques en font d'Iuoire fur le
bois d'Ebene, de ces trois pieds on en fait la
toife qui eft de fix, on en fait la coudee qui
eft d'vn pié & demy, la perche doublant la
demie toife huit fois, de l'autre cofté on y
trouue l'aune comme de Paris, de Lyon, de
Prouins, la canne, & la braffe. Au refte il peut
feruir pour aller par païs, & pour f'apuyer
étant bien ferré par le bout d'embas, & bien
encorné d'vne belle corne de Dain. Voila le
bâton que me donna ce gentil artizan Bou-
gard, ce que ie n'ay voulu omettre pour les
commoditez d'vn fi gentil inftrument.

Or pour clorre & pour feeller ce beau
iour d'vn feau & d'vne marque memorable
à iamais, ie vy dedans la prairie fur les bors
de la Marne vne ttoupe de Nymfes portant

le crefpe d'or de leur cheueleure, flotât & ondoyant fur leurs épaules, cordôné feullemêt
d'vn petit ruban de couleur, & ferré d'vne
couronne de paruanche, ie la peus fort aifé-
ment difcerner du laurier, parce que la Lune lors fauorifoit mon bon-heur, luy ayant
fait cette requefte.

L'vne porte flambeau, feulle fille heritiere
Des ombres de la nuit au grand & large fein,
Seulle dedans le ciel qui de plus iufte train
Galloppe tes morceaux par la noire carriere.

Seulle quant il te plaift qui retiens ta lumiere
D'vn œoil ademi-clos puis la verfant foudain
Montre le teint vermeil de ton vifage plain,
Et les rayons facrez de ta belle paupiere.

Laiffe moy ie te pry fous le filence ombreux
De tes feux argentez au feiour amoureux
De ces difficultez qui m'ont l'ame rauie,
Et caufent que fans peur i'entre dedans ce bois
Vagabond & feulet comme toy quelque fois
Pour ton mignon dormeur fur le mont de Latime.

Elles montroiét l'vne à l'autre en toute pri
uauté (car elles ne me pouuoiét aperceuoir)
leurs gorges, leurs greues & leurs feins. Entre
autres i'en vy vn large blanchiffant, rehauffé
de deux môtaguettes foupirantes d'vn doux
& mignard tremblement, abouties de deux
petites

petites fraizettes rougiſſantes ſur le bout, le
teint de cette enfleure mignône reſembloit
vn vaſe de criſtal côblé de lis & de roſes tant
eſtoit naïuement coloré.

Toutes étoient en cottillon, l’vne ie por-
tât iaune, l’autre vert, l’autre d’eſcarlatin violet tiſſus en broderie de leurs chifres & diuiſes. Elles auoient les pieds nuz ſans chauſſure
découurât quelquefois en dançât vn taló qui
reſembloit mieux vne roſe attachee côtre la
baſe d’vne colône q̃ ce que c’étoit, quelquefois montroient vne greue lôgue & droitte
ſemblable à deux colonnettes d’albatre bien
choiſi pour le ſoutien & fondement d’vne ſi
noble architecture. Or ayant dôné contentement à mes yeux de ſi doux & ſi gratieux
apas, il failloit bien q̃ l’oreille receut quelque
plaiſir & pour ne la laiſſer malcontente vne
de la troupe commance vne chanſon, mais
non ſans auoir eſté importunee de ſes compagnes parce qu’elle aſſeuroit l’auoir trou-
uee en la pochette d’vne bergere qui la tenoit fort cherement, ayant eſté compoſee en
ſa faueur en la perſonne de ſon amy qui ſou
haitoit la baiſer, elle commance ainſi.

Comme la vigne tendre
Bourgeonnant vient étandre

En menus entrelas
Ses petis bras
Et de façon gentille
Mollete s'entortille
A l'entour des ormeaux
A petis neux gliſſante
Sur le ventre rampante
Des prochains arbriſſeaux
  Et comme le lierre
En couleurant ſe ſerre
De maint & maint retour
Tout alentour
Du tyge & du branchage
De quelque bois ſauuage
Epandant ſon raiſin
Deſſus la cheuelure
Et la verte ramure
Du chéne ſon voiſin.
  Ainſi puiſſe-ie étraindre
Ton beau col & me ioindre
Contre l'Iuoire blanc
De ton beau flanc
Attendant l'écarmouche
De ta langue farouche
Et la douce liqueur
Que ta leure mignonne
Liberalle me donne
Pour enyurer mon cueur.

Sus donq que ie t'embraſſe
Auant qu'on entrelaſſe
Tout autour de mon col
Le marbre mol
De tes longs bras maiſtreſſe
Puis me baiſe & me preſſe
Et me rebaiſe encor
D'vn baiſer qui me tire
L'ame quant ie ſoupire
Deſſus tes leures d'or.

De moy ſi ie t'aprouche
I'enteray ſur ta bouche
Vn baiſer eternel
Continuel
Puis en cent mille ſortes
De bras & de mains fortes
Sur ton col me lieray
D'vn neu qui long tems dure
Et par qui ie te iure
Qu'en baiſant ie mourray.

Si i'ay cet heur ma vie
Ny la mort ny l'enuie
Ny le ſomme plus doux
Ny le courroux
Ny les rudes menaces
Nompas meſme les Graces
Les vins ny les apas
Des tables enſucrees

De tes leures pourprees
Ne m'aracheroient pas.

   Mais sur la bouche tienne
Et toy dessus la mienne
Languissans nous mourrions
Et passerions,
Deux ames amoureuses
Les riues tortueuses,
Par dessus la noire eau
Courant dedans la salle
De ce royaume palle
En vn mesme bateau.

Cette chanson finie ie demeure tout éperdu tant pour la douceur de la voix la-ronnesse de mon ame, que pour les parolles passionnees de l'amour. Et croy que cette Nymfe auoit choisi ce suiet propre à ses passions, autremēt il n'eust esté possible de si biē châter & de si bonne grace sans estre époinçonnee de quelque amoureuse affectiō. I'ay ouy au mois d'Auril les accens redoublez, & tirez à longue aleine & les fredōs entre-coupez du Rossignol, i'ay ouy le tin-tin des Cigalles au mois le plus chaut de l'été, i'ay ouy doucemēt glisser la rosee sur les herbes emperlees de son degout, i'ay ouy entre deux mōtagnes cauerneuses les vieilles querelles
de la

de la parláte Echo, i'ay ouy couché deſſus vn
ruiſſelet tapiſſé de verdure & calfeutré de
mouſſe le murmure d'vne eau rouláte à petis
flots au trauers de petites pierrettes & de gra
uois menu , i'ay ouy dedans le ſaint horreur
des foreſts les plus obſcures les chanſons de
Daphnis:mais,pour dire la verité, cette voix
eſtoit toute autre choſe. Or de peur d'eſtre
découuert i'eus patience derriere vn Saule
creux où ie m'étois tapi,où de frayeur voyát
tant de diuinitez enſemble, où de peur d'in-
terrompre leur plaiſir,où ſous l'eſperáce d'en
entendre d'auantage : mais ie ne demeuray
gueres que ſoudain ie ne les viſſe toutes au
plonge, fandre l'eau à cous de bras, puis ſoudain ſ'éuanouir & ſe dérober de mes yeux.
Enyuré de tát de plaiſirs, enuiron les dix heu
res ie me retire en ma chambre pour prendre mon repos. Ie vous laiſſe à penſer ſi ce
dormir me fuſt plaiſant & doux: Car ſi toſt
que le ſommeil euſt couuert de ſes aelles hu-
mides la laſſe & pareſſeuſe paupiere de mes
yeux, l'anchâtereſſe & charmereſſe memoire de ce que i'auois veu & entendu ce beau
iour,acompagné d'Amour,de plaiſir, & poſ-
ſible de quelque paſsion, tous enſemble vié-
nent ſuborner mes ſens,faiſant nouuelle re-
charge & nouuelle eſcarmouche à mes ap-

prehensions , Car non seullement il me
sembloit voir ce que i'auois veu, ouir ce que
i'auois ouy, entendre ce que i'auois entendu, admirer ce que i'auois admiré, mais ie pen
sois veritablemēt auoir cet heur que de continuer le plaisir de ce beau iour. Mais las! som-
me trōpeur, trop ialoux de mō plaisir, & mor
tel ennemy de mon aise, vrayement à bon
droit les anciens te faisoient sacrifices & par-
fumoient tes autels d'encens & de pauot, Tu
n'es qu'vne douce fumee qui s'euanouist en
l'air, Tu n'es qu'vne odeur passagere qui tra-
uersant nos aprchēsions charme & ensorcel-
le nos sens, Tu n'es qu'vn masque fantastiq,
trompeur, & menteur, déguisant le faux en
aparance de vray. Hà belle & trop amoureuse Aurore tu pouuois bien demeurer encores quelque tems en ta couche pourpree fri-
zottant le poil de ton mary grison sans que
l'Amour l'époinçōnast de si tost nous rame-
ner le iour. Hà belles & gentilles estoilles,
pourquoy n'auez-vous repoussé & mis en
fuitte les cheuaux du Soleil sans mettre fin à
mes sōges si plaisans? Que pleust à Dieu que
cette nuit m'eust esté vne nuit perpetuelle,
sans iamais pouuoir dessiller mes paupieres
pour œillader ce beau Soleil, & qu'vn songe
tel, couuast éternellement dessus mes yeux,
                                      Mais

Mais quoy? ie cogneu lors que tout ce qui
prend vie, & tout ce qui soupire sous ce grád
ciel ne se peut continuer en son estre, & qu'il
faut par necesité qu'il prêne quelque fin suiu-
ant le fil ordonné de la main de ce grand
Dieu. Ainsi ie passé ce beau iour, & cette dou
ce nuit. Ie vous prie, si toute nostre vie estoit
dispésee en cette façon, ménageât les iours &
les heures en tels plaisirs, sans offencer Dieu,
sans mesdire de son prochain, sans apprehen-
sion facheuse, sans alteration de nostre naturel, francs & libres d'auarice, d'enuie & d'ambition, aurions-nous regret en mourant d'a-
uoir vécu si doucement en ce monde?

Fin de la premiere iournee.

Fautes laissees à l'impreßion.

Page 13. ligne 1. Qu'alors il. lisez ell'. pa. 18. li. 9. n'éué-
tent iamais leurs, lisez, leur. pa. 20. l. 9. liberalle cuisse, lisez,
liberalle main. pa. 21. l. 1. chiffres diuisez, lisez, diuises. pa. 52.
l. 22. qui sur la terre sespand, lisez se pand. page 57. l. 13. lisez,
de quelque. page 58. l. 18. à ses façons gentilles estoit, lisez,
qu'elle estoit. page 71. l. 19. dont le profit, lisez, profil. ibid.
l. 27. la contrefaire, lisez, le contrefaire. page 80. l. 11. & des
raisins, lisez, & de raisins. page 81. l. 13. deux gritós, lisez, deux
Tritons. page 85. l. 3. pour le dernier amatissement, lisez,
amortissement. page 113. ligne 1. tout ainsi, lisez, tout aussi.
ibid. l. 8. mais ne m'en donne plus, lisez, ne m'en donnez plus.
pa. 120. l. 10. de plus iuste, lisez, de plus viste, ibid. l. 11. galloppe
tes morceaux, lisez, moreaux. ibid. l. 18. de ces difficultez, lisez
diuinitez.